여수 유인 45 섬 스토리

여수 유인 45

섬 스토리

초판 1쇄 인쇄 | 2025년 12월 29일
초판 2쇄 인쇄 | 2026년 04월 01일
지은이 | 여수수필문학회 윤문칠
편집인 | 윤 송
펴낸이 | 이재욱(필명:이승훈)
펴낸곳 | 해드림출판사
주 소 | 서울 영등포구 경인로82길 3-4(문래동1가 39)
센터플러스빌딩 1004호(07371)
전 화 | 02-2612-5552
팩 스 | 02-2688-5568
E-mail | jlee5059@hanmail.net

등록번호 제2013-000076
등록일자 2008년 9월 29일

ISBN 979-11-5634-667-8

전라남도 전라남도 문화재단

이 책은 전라남도, 전라남도문화재단의 후원을 받아 출간하였습니다.

여수 유인 45
섬 스토리
윤문칠 지음
해드림출판사

들어가는 글

여수(麗水)는 이름부터 곱다. 한자 그대로 풀이하면 '아름다운 물'이니, 이보다 더 이 고장을 잘 표현한 이름이 있을까. 맑은 물결과 푸른 바다가 어우러진 여수는 사계절 내내 빛과 바람이 노래하는 남해의 보석이다.

여수는 거북선의 고향이자 구국의 성지로, 여자만·장수만·가막만·여수만·광양만 다섯 개의 만(灣)이 품은 천혜의 해양도시이다. 남해의 풍광을 품은 여수는 바다와 더불어 살아온 사람들의 숨결로 가득하다. 전국 최초로 주민 발의에 의해 통합된 도시이며, 2012년 '살아 있는 바다, 숨 쉬는 연안'을 주제로 세계박람회를 성공적으로 개최한 도시로서 여수는 늘 도전과 변화의 중심에 서 있었다.

그로부터 14년이 지난 지금, 2026년 9월 5일부터 11월 4일까지 60일간 '섬, 바다와 미래를 잇다'를 주제로 2026 여수세계섬박람회가 열린다. 이번 박람회는 여수의 섬과 바다가 지닌 가치와 미래 비전을 세계와 함께 나누는 자리로, 지역의 경제와 문화, 환경이 조화를 이루는 지속가능한 발전의 장이 될 것이다.

여수반도에는 크고 작은 365개의 섬이 있다. 그중 45개의 유인섬은 바다를 지붕 삼아 살아가는 사람들의 삶터이자, 우리에게 수많은 이야기를 들려주는 곳이다. 이 책은 그 45개 유인섬의 풍경과 숨결을 담아냈다. 여수의 섬들을 탐방하고, 다양한 자료와 기록, 그리고 사람들의 이야기를 바탕으로 엮은 글들이다.

섬마다의 이야기를 따라가다 보면, 여수의 바람과 파도, 그리고 사람의 손끝과 마음결이 고스란히 전해질 것이다. '麗水'라는 이름 아래, 아름다운 물의 도시 여수가 간직한 섬들의 이야기를 부디 가벼운 마음으로 일독해 주시기를 바란다.

내 고향 여수를 사랑하는 한 사람으로서, 이 글들이 여수의 섬과 바다, 그리고 그곳에 사는 모든 이들에게 작은 빛이 되길 바란다. 바람이 섬에 부딪히며 불어오고, 파도가 때론 속삭이고 때론 두드리는 여수의 섬으로 함께 떠나보자.

2025년 12월

윤문칠

· 차례 ·

II. 전라남도 여수시 남면

III. 전라남도 여수시 삼산면

IV. 전라남도 여수시 월호동

V. 전라남도 여수시 돌산읍

Ⅵ. 전라남도 여수시 율촌면

Ⅶ. 전라남도 여수시 화양면

Ⅷ. 전라남도 여수시 소라면

Ⅸ. 전라남도 여수시 삼일동

전라남도 여수시 화정면

전라남도 여수시 서남부 해안, 보돌바다(保突海)에 위치한 화정면은 북쪽의 납계도(蠟鷄島)에서 남쪽의 개도(蓋島)까지 남북으로 길게 뻗은 섬들로 이루어진 면이다. 서쪽으로는 고흥군과 바다를 사이에 두고 마주한다.

면 소재지는 백야도에 있으며, 백야리·제도리·개도리·조발리·낭도리·적금리·상화리·하화리·월호리·여자리 등 10개의 법정리로 구성되어 있다.

1896년 돌산군의 화개면(華蓋面)과 옥정면(玉井面)이 이 지역의 전신이었다. 여자도·백야도 등 북부 지역은 화개면, 상화도·하화도·개도 등 남부 지역은 옥정면에 속했다. 1914년 두 면이 통합되면서 '화정면'이라 불리게 되었고, 여수군에 편입된 뒤 1949년에는 여천군 화정면이 되었다. 이후 1983년 여자리에 속했던 운두도 지역이 화양면 이천리로 이관되었으며, 1998년 여수·여천·율촌이 통합되면서 오늘의 여수시 화정면으로 자리 잡았다.

여수와 고흥을 연결하는 연륙교 사업이 진행되면서, 화정면의 주요 섬들(낭도와 개도를 포함한 여러 섬)이 육지와 이어졌다. 고흥(육지)에서 적금도·낭도·조발도·화양(육지)을 거쳐 백야도까지 이어지는 연륙교가 완공되면 '다리 박물관'이 조성될 예정이다. 면 소재지인 백야도에는 이미 첫 연륙교인 백야대교가 놓여 있다.

화정면은 여수시 서남 해안의 여러 섬을 하나로 묶은 면으로, 관할 부속 도서로 낭도·적금도·둔병도·조발도·상화도·하화도·제도·개도·자봉도 등이 있다. 이 가운데 낭도와 개도는 면적이 크고, 특히 개도는 화정면에서 가장 넓은 섬으로(9.72㎢), 개도출장소가 설치되어 있다. 이곳에서는 전통 막걸리로도 유명한데, 지역 양조장에서 빚은 막걸리가 여수 시민들 사이에서 큰 사랑을 받고 있다.

또한 화정면에서는 화장품 원료로 쓰이는 납석이 생산된다. 개도리 일원 15만 5,856㎡ 규모의 간척지 부근은 2026 여수세계섬박람회에 맞추어 관광·휴양지로 조성될 예정이다. 동쪽 끝 월호도와 자봉도 일대에는 향후 화태도와 금오도를 잇는 연도교 건설 계획도 추진 중이다.

백야선착장에서는 화정면의 각 섬으로 여객선이 오가며, 28번 시내버스가 화양 방면으로 운행된다. 또한 여수~고흥을 잇는 220번 농어촌버스가 적금도를 경유하며 하루 세 차례 왕복한다.

현재 화정면에는 동부권의 백야도·개도·제도·월호도·자봉도, 서부권의 사도·추도·낭도·조발도·적금도·둔병도·상화도·하화도·여자도·소여자도 등 총 15개의 유인섬이 있다. 섬마다 다른 풍경과 이야기가 바다 위에 펼쳐져, 여수의 남쪽 바다는 오늘도 잔잔한 파도 속에서 사람들의 삶을 품고 있다.

백야도

전라남도 여수시 화정면.

여수반도의 끝자락, 가막만과 여자만이 만나는 곳에 자리한 작은 섬 백야도.

우리말로 '흰 섬'이라 불리는 이곳은 주봉인 백호산(286m)의 바위빛에서 이름을 얻었다. 햇살을 받으면 산 정상의 바위들이 눈처럼 희게 빛나 섬 전체가 하얗게 물드는 듯 보인다. 멀리서 보면 그 흰 바위의 형상이 마치 새끼를 품은 호랑이 같다 하여 '백호산(白虎山)'이라 불렸고, 한때는 '백호도'라 부르기도 했다.

섬의 면적은 3.61㎢, 해안선 길이는 약 11.3km. 2024년 기준 인구는 369명(216가구)으로, 아담한 섬마을들이 바다를 따라 퍼져 있다. 산 정상에는 봉수대와 백야산성이 남아 있으며, 예전에는 말을 기르던 백야목장이 있어 한때 넓은 초지가 펼쳐져 있었다. 지금은 논과 밭으로 변했지만, 봉화대의 기단 일부가 옛 터의 흔적을 전한다.

여름이면 진막골길 해수욕장과 화백 해송림, 몽돌밭에 발자국이 이어진다. 돌산 끝자락에서 떠오르는 해가 백호산 능선을 붉히고, 저녁이면 바다 위로 떨어지는 해가 붉은 빛을 남긴다. 일출과 일몰이 한 자리에서 맞닿는 장관의 섬이다.

산길을 오르면 편백과 삼나무, 소나무 숲이 이어진다. 등산로 아래로는 백야마을과 선착장이 보이고, 푸른 남해의 물결이 반짝인다. 산기슭 마을 끝에는 작은 샘이 있는데 예로부터 "백호산 샘물은 여수에서 제일"이라 전해질 만큼 물맛이 좋아, 등산객들은 오르기 전 이곳에서 목을 축인다.

1592년 임진왜란 때, 이순신 장군이 전라좌수사로 부임하며 왜적의 침입에 대비해 쌓은 돌산성이 바로 이 백호산성이다. 성벽 둘레 약 3km로, 동쪽으로는 돌산 봉수대와,

서쪽으로는 고흥 팔영산 봉수대와 연계되었다고 전해진다. 봉수대는 지금 복원되어 역사 체험장으로 활용되고 있다.

섬의 첫 정착민은 임진왜란을 피해 들어온 창원황씨였다. 이후 섬에는 마을이 형성되고, 바다와 더불어 살아가는 삶이 이어졌다. 전해오는 이야기로는, 예전 백야목장에서 말을 훈련할 때 거문고 소리를 들려주면 남해의 바다거북들이 그 소리에 이끌려 백야도 몽돌밭으로 모여들었다고 한다. 칠월 칠석날이면 견우와 직녀가 오작교에서 만난다는 전설처럼, 거북이들이 모여 해변에서 일광욕을 즐기고 다시 바다로 돌아갔다는 것이다. 그래서 지금도 사람들은 그 몽돌밭을 '거북이 해변'이라 부르며, 하늘의 거문고자리와 이어진 옛 이야기를 전한다.

백호산에서 내려와 마을길을 걸으면 백야리사무소와 화정파출소를 지나 선착장으로 이어진다. 이곳에 세워진 안내표에는 '백야도 비렁길 2.1km, 백야등대 2km, 백야대교 1.1km'라 적혀 있다. 섬의 최남단에 자리한 백야등대는 1928년 12월 처음 불을 밝힌 이후 90여 년 동안 남해의 밤바다를 지켜온 불빛이다. 지금은 무인등대로 바뀌었지만, 오랜 세월 바다를 오가는 선박들의 길잡이로 한결같이 제 역할을 다하고 있다.

백야대교는 여수와 고흥을 잇는 연륙교 중 가장 먼저 완공된 다리다. 2012 여수세계박람회를 앞두고 접근성을 높이기 위해 건설되었으며, 길이 325m, 폭 12m의 아치형 다리로 2005년에 개통되었다. 다리 위에 서면 가막만과 여자만이 한눈에 펼쳐지고, 바람이 해송을 스치며 남해의 향기를 전한다.

백야선착장에서는 개도·사도·낭도 등 인근 섬으로 여객선이 오간다. 섬의 북쪽에는 고흥과 적금도를 잇는 다리가 완공되어, 백야도는 이제 바다와 육지를 잇는 관문이 되었다.

하얀 바위의 섬, 백야도.

오랜 세월 파도에 씻겨 더욱 빛을 더한 섬은 오늘도 바람과 빛, 그리고 이야기를 품은 채 남해의 품속에 조용히 누워 있다.

백야도白也島

가막만 길목에 하얀 섬 하나,
바람이 먼저 말을 건네고
백야도가 환히 솟아오른다.

햇살은 물결 위에
고마움의 파도를 펼쳐 놓고,
바다는 갯바위 틈에서 숨을 고른다.

소금기 어린 기억들이
조용히 마음속으로 스며들고
백호산 정상엔 고요가 앉아 있다.

화양 봉수대로
빛을 올려 보내면
암야도광 등대가 따뜻한 불을 밝힌다.

마음으로 가는 길목에
육지와 섬을 잇는 다리 하나,
아, 백야대교가 빛처럼 놓여 있다.

개도蓋島

'개도'라는 이름에는 두 가지 뜻이 있다. 하나는, 주변에 작은 섬들을 거느린 큰 섬이라 '덮을 개(蓋)'자를 써서 붙인 이름이고, 또 하나는, 봉화산과 천제봉이 개의 두 귀처럼 솟아 있어 '개섬'이라 불렀다는 이야기다. 이런 말들을 들으면, 섬 하나도 마치 살아 있는 것 같다. 커다란 귀를 활짝 열고, 오늘도 사람들의 이야기와 바닷바람을 듣고 있는 듯하다.

개도는 여수시 화정면에 속한 섬으로, 면적은 약 9.5㎢, 해안선 길이는 25.5km에 달한다. 섬 전체가 바다와 긴밀하게 얽혀 있다. 모전항, 화산항, 여석항 같은 방파제들은 어부들의 삶을 지키고, 효령·월항·신흥마을까지 12곳의 포구는 바닷길을 안쪽으로 끌어들인다. 길고 굴곡진 해안선은 파도에 닳고 닳으며 기이한 절벽과 해식애, 암석 단구를 만들었고, 몽돌해변인 모전 해수욕장은 마치 자잘한 보석을 깔아놓은 듯하다. 개도의 풍경은 계절과 날씨에 따라 다르게 숨쉰다. 연평균기온 14.4도, 온화한 기후 속에 동백나무가 무성해 마치 남국의 섬처럼 느껴진다. 보리, 콩, 고구마, 마늘 같은 농작물이 자라고, 바다에서는 미역과 갯것을 캐는 손길이 끊이지 않는다.

섬을 한 바퀴 도는 둘레길 이름도 정겹다. '개도 사람 길' 옛날, 미역을 따고 지게를 지고 오가던 주민들의 발자국을 따라 만든 길이라 그 길을 걷다 보면, 바람결 따라 소리가 들리는 듯하다.

"오늘 미역 많이 땄소?"

"한 망태 채웠네, 그나저나 내일 바람 좀 잦아들었으면…"

길은 말없이 그날의 시간과 기억을 우리에게 건넨다. 음력 3월 3일이면 화산마을 정자나무 아래에 사람들이 모인다. 산신제를 지내며 마음의 평안과 풍년, 바다의 무사안일을 기원하고 풍악을 울리며 마을을 돈다. 그 모습은 전통을 지키는 행위이면서도 이 섬이 살아 있다는 증거이기도 하다.

개도에는 10개의 자연마을이 있고 부녀회, 노인회, 어촌계도 활발하며, 치안센터, 우편취급소, 농협지소, 보건지소까지 작지만 알차게 갖춰져 있다. 작은 섬이지만, 동력어선만 해도 171척. 화물차, 승용차, 버스까지 어엿하게 다닌다.

한때 500여 명의 초등학생이 다니던 학교는 지금 폐교 위기에 놓였지만 아직도 유치원과 초등학교, 중학교가 있고, 마을마다 회관과 복지관, 도서관이 자리해 있다. 아이들 웃음이 다시 번지길 바라는 건, 이 섬을 사랑하는 모두의 마음일 것이다. 개도는 아직 육지와 연결되지 않았다. 백야도에서 제도, 월호도, 화태도를 거쳐 2027년엔 다리가 놓일 예정이다. 그전까지는 돌산항과 여수 여객선터미널에서 한일페리호를 타고 개도에 닿았는데 지금이야 1시간이면 족하지만, 예전에는 '창영호'를 타고 3시간 넘게 흔들려야 도착했다. 낚시터로도 유명한 이 섬에는 특별한 것이 하나 더 있다. 바로 막걸리다. 갓 잡은 생선회를 앞에 두고, 섬에서 직접 빚은 막걸리를 한 잔 들이켜면, 그날 하루는 그 자리에서 완성된다. 개도는 오늘도 파도를 맞으며 조용히 제 자리를 지키고 있다. 섬은, 바다와 가장 오래 이야기를 나누는 친구가 아닐까?

개도

가막만 바다는 말이 없다.
봉화산, 천제봉에 우뚝 솟은
엄마의 가슴 섬.

호수에 둘러싸인 개도,
그 이름을 부르면
바다 건너 섬들이 속삭인다.

숨 쉬는 연안,
바다 위의 부유들은 삶의 보배.
붉게 물든 석양빛 노을은
한 폭의 수채화가 되고

햇살이 흩어질 때면
섬사람들은 어장의 길목에서
잔잔한 물결의 꿈을 건져 올린다.

제도濟島

백야도와 개도 사이, 가막만의 서쪽 물길 위에 작은 섬 하나가 떠 있다.

이곳이 제도다. 여수반도의 남서쪽에서 약 15km, 백야도에서 남동쪽으로 불과 2km 거리. 멀리서 보면 섬의 형세가 제비가 날개를 편 듯 부드럽다 하여, 옛사람들은 '젤섬', '제비섬'이라 불렀다.

조선 숙종 때에는 '제리도(濟里島)'로 불리다가, 1914년 행정 개편으로 지금의 이름 '제도(濟島)'가 되었다. 섬의 면적은 1.04㎢, 해안선은 9km 남짓. 69명이 살고 있는 이 작은 섬에는 요막산(86.6m)과 얼릉산(71.6m)이 나란히 솟아 있다.

산이라기보다 언덕에 가까운 높이지만, 그 너머로 보는 바다의 풍경은 남해의 품 안처럼 아늑하다. 해안은 대부분 암석으로 이루어져 있고, 동쪽에는 간석지가 넓게 발달해 굴과 김 양식장이 줄지어 있다.

바다의 냄새와 굴껍질의 빛깔이 하루의 리듬을 만든다. 보리와 마늘, 고구마가 자라며, 바다에서는 우럭과 농어, 넙치와 전복, 문어와 낙지가 잡힌다. 제도의 바다는 고요하지만, 그 속엔 수많은 생명의 숨결이 흐른다.

320여 년 전, 육씨가 처음 이 섬에 들어와 터를 잡고 임씨, 배씨, 서씨가 들어와 살며 마을이 형성되었다. 지금도 제도항을 중심으로 마을이 반원형 포구를 이루고, 어선들이 닻을 내리면 바다의 하루가 끝난다.

예전엔 초등학교 분교가 두 곳 있었지만 지금은 문을 닫았다. 아이들의 웃음 대신 파도소리가 운동장을 채운다. 그래도 보건진료소, 마을회관, 어촌계, 부녀회가 있고 섬사람들은 바람처럼 단단히 이어져 있다.

오후가 되면 마을 어귀에 모여 굴껍질을 고르고, 해 질 무렵이면 어선이 포구로 돌아온다. 그날의 바다 냄새가 저녁

밥보다 먼저 집 안을 채운다.

백야도에서 제도로 건너는 항로는 짧다. 불과 500m 남짓이지만, 그 거리에는 바다가 지닌 모든 시간의 깊이가 들어 있다. 백야등대에서 바라보면 손에 잡힐 듯 가까운 섬, 그래서 제도는 외롭지 않다.

자봉도와 개도, 월호도가 곁을 지켜주며, 밤이 되면 제비섬이라 불렸던 그 이름처럼, 섬은 바다 위에서 고요히 날개를 편다.

굴빛 노을이 사라지고, 등대의 불빛이 바다를 적실 때, 제도는 여전히 남해의 한가운데서 바람과 별의 언어로 세상과 대화를 나눈다.

제도의 새벽

물안개 피어오른 새벽,
제비 닮은 제도에서
바다와 가까운 이웃을 부른다
백야도, 개도, 그리고 사도.
그 섬마다 삶의 길이 연결되어 있다.

선박 항로에는
갈매기 합창이 울려 퍼지고,
빗방울이 지붕을 두드릴 땐
백야도 등대의 불빛을 바라보며
육지의 소식을 기다린다.

제리도의 노을 아래,
갯벌 위를 걷는 노인의 발자국을 따라
세월을 품은 물결에 스며들고,
바다 건너 배달되는 소식에
누군가의 기다림이 접혀 있다.

월호도

개도 옆, 바다 위의 반달 같은 섬 월호도. 마을 앞 바다가 둥글게 휘어 반달처럼 빛난다 해서 사람들은 이 섬을 '달의 호수', 월호도라 불렀다. 혹은 개도와 화태도를 잇는 다리 구실을 한다 하여 '다리섬'이라 부르기도 했다. 돌산도와 금오도로 향하는 길목, 화태도와 대두라도, 자봉도가 감싸 안은 남해의 품 안에 이 조용한 섬이 있다.

섬의 면적은 1.9㎢, 해안선은 7.8km 남짓. 73가구 126명의 사람들이 이곳에서 바람과 바다 사이를 오가며 산다. 섬의 중앙에는 월호항이 있고, 돌산 군내 선착장에서 오는 배가 하루를 나른다. 아침엔 출항의 기적 소리가, 저녁엔 돌아오는 물결의 숨결이 섬의 시간을 알린다. 하루 세 번 오가는 여객선이 사람들의 시계를 대신하고, 계절의 변화는 바람의 방향으로 알 수 있다.

섬 북서쪽의 길마산(153.9m)은 월호도의 망루 같다. 완만한 구릉지와 중성 화산암의 바위들이 시간보다 오래된 듯 단단하게 서 있다. 그 아래로 펼쳐진 밭에는 맥주보리와 고구마가 자라고, 바다에서는 김과 굴이 햇살을 먹는다. 논 0.04㎢, 밭 0.58㎢, 임야 1.18㎢. 숫자보다 더 많은 건 손끝의 노동과 파도소리다. 바람이 세게 부는 날엔 양식장 줄에 달린 부표가 하얗게 출렁이며 섬의 리듬을 만들어낸다.

봄이 오면 음력 3월 3일, 마을 사람들은 산신제를 지낸다. 길마산 아래 고사상을 차리고 "올해도 무사하소서." 짧은 기도와 함께 술 한 잔을 바치면 그 마음이 바다로 퍼져 나가 파도로 되돌아온다.

월호도에는 이제 학교가 없다. 한때 아이들의 발자국으로 가득하던 분교 운동장은 지금은 바람이 대신 걷는다. 그러나 낮이면 마을 어귀의 경로당에서 이야기가 이어지고, 저녁이면 부엌의 불빛이 창문마다 켜진다. 섬의 삶은 느리지만 멈춘 적이 없다.

돌산과 화태를 잇는 다리가 2015년에 놓였고, 머지않아 백야-제도-개도-월호-화태로 이어지는 연륙교의 길도 완성될 것이다. 그날이 오면 월호도의 달빛은 더 많은 사람들에게 길이 될 것이다. 밤이 되면 달빛이 바다 위를 따라 번지고, 섬은 조용히 그 빛을 품는다. 바람이 잠든 시간, 파도는 잔잔히 밀려와 하루를 덮는다. 그 순간, 이 섬의 이름이 왜 '월호도'인지 자연스레 알게 된다.

월호도의 달빛

반달형 호수의 섬, 월호도.
달빛처럼 파도에 씻긴 열도는
노을로 붉게 젖어 간다.

화태도와 개도 사이에 몸을 누이고,
갈매기 한 마리 어장 위를 돌며
달에 앉아 고요히 기다린다.

월호도의 밤
물비늘 위로 흩어진 별빛이
풍어의 꿈을 품은 마음을 살며시 토닥인다.

자봉도自峯島

개도 앞바다에 떠 있는 작은 섬, 자봉도는 큰 새가 앉은 모습과 닮았다 하여 좌봉도(座鳳島)라 불렸고, 붉은 새가 길하다는 뜻을 더해 '자봉(紫鳳)'이라 부르게 되었다. 이름처럼 석양 무렵이면 지붕과 바다가 붉은 빛을 머금는다. 섬은 여수에서 남쪽으로 약 16km, 면적 0.34㎢, 해안선 6.38km. 2024년 기준 25가구 35명이 산다. 사방으로 개도·송도·돌산도·제도·화태도·월호도가 둘러서 있어 바람이 한결 잔잔하고, 날이 맑으면 바다 건너 여수의 불빛이 희미하게 보인다. 개도와 금오도에서 자봉항을 잇는 배가 들고나며, 포구에 닻이 내려앉을 때마다 하루의 시계가 한 번씩 멈췄다 다시 움직이는 듯하다.

섬은 하나의 산지(최고 154m)로 이루어져 북쪽은 급하고 남쪽 사면은 완만하다. 집들은 산 중턱까지 층층이 오르며 바다를 굽어보고, 썰물 때면 동쪽 작은 섬과 모래톱으로 이어진다. 지질은 중성 화산암류가 주를 이루어 바위결이 단단하고, 서남 해안은 암반이 드러나 파도와 곧장 맞선다. 밭 0.18㎢, 임야 0.13㎢의 작은 땅에서 사람들은 농사와 어업을 겸한다. 봄에는 보리 이삭이 바람에 눕고, 여름이면 고구마 줄기가 돌담을 타고 흐른다. 가을엔 마늘과 콩이 마당가에 말라가고, 겨울 바다에는 김발이 촘촘히 서서 해를 받는다. 멸치·감성돔·장어가 그물을 적시고, 굴과 피조개 바구니에 파도의 소금기가 스민다. 새벽엔 밭에서 흙냄새가, 낮엔 그물에서 바다냄새가 올라오는데, 그 두 향이 섞여 자봉도의 하루를 만든다.

장마 뒤 마을 골목에는 물을 털어 말리는 그물과 우비가 줄지어 걸리고, 맑은 날이면 처마 밑에 말린 멸치가 은빛 비늘을 반짝인다. 예전엔 음력 3월 3일 풍어제를 올려 섬의 안녕을 빌었다. 지금은 제의가 중단되었지만, 산허리에서 불던 북소리와 흰 연기, 제상 위의 술 냄새를 기억하는 이들이 이야기의 끄트머리를 붙들고 있다.

화정초등학교 자봉분교가 2001년에 문을 닫은 뒤 운동장은 바람이 대신 걷는다. 그래도 해 질 녘이면 정자나무 아래에 사람들이 모여 조황을 나누고, 겨울밤엔 창문마다 노란 불빛이 켜져 아이 대신 라디오와 파도소리가 집 안을 채운다. 비가 오면 박수 소리처럼 지붕을 두드리고, 북서풍이 불면 골목은 좁은 관악처럼 울린다.

자봉도의 시간은 느리지만 멈춘 적이 없다. 포구의 물길은 날마다 깊이를 달리하고, 달력은 조수표와 함께 넘겨진다. 이른 새벽 파식대 위로 물안개가 일면 조용히 밧줄을 들어 올리고, 해가 기울면 바다 위 해식애가 긴 그림자를 펼친다. 썰물에 드러난 모래톱은 아이들의 놀이터였다가, 밀물이 차면 작은 뱃길이 된다. 겨울 별빛이 물비늘 위에 흩어질 때면 섬은 이름 그대로 자색의 새처럼 가만히 날개를 접는다. 작지만 오래, 거세지 않지만 깊게, 자봉도는 그렇게 바다에 기대어 산다. 붉은 새의 이름처럼 저녁마다 노을을 품고, 다음 날의 바람을 조용히 맞이한다.

자봉도의 노을

가막만 해역 위로
새가 솟은 자봉도,
층층이 오르는 가옥들이
아름답게 그 자리에 머문다.

섬의 시간처럼
바람은 말없이 바다를 쓸고,
끝자락에 걸린 노을빛 속에서
자봉도는 고요히, 꿈을 꾸는 듯하다.

갈매기 울음도 잠시 멎고,
소나무 그림자는 길게 늘어져
지나온 시간을 포근히 감싼다.

손 닿을 듯 가까운 섬에서
바람결에 소식이 스치면,
붉은 하늘 아래
그리움도 잠잠해진다.

사도

여수시 화정면 사도는 동북쪽으로 화양면, 북서쪽으로 고흥반도와 마주하고 있다. 바다 한가운데 모래가 쌓여 이루어진 섬이라 하여, 모래 '사(沙)'와 호수 '호(湖)'를 써서 '사호(沙湖)'라 불렀다. 1896년 돌산군 설립 당시에는 화정면 낭도리에 속했으나, 1914년 화개면과 통합되어 화정면 사도리가 되었고 오늘에 이른다.

사도는 바다 위에 떠 있는 듯한 섬이다. 해마다 조수간만의 차로 수심이 낮아지면서, 용암층이 바닷물과 만나 사도와 추도 사이의 바닷길이 갈라진다. 물이 가장 많이 빠지는 정월 대보름 전후, 음력 2월 초하루 영등시 날이면 본도와 추도, 간도, 시루섬, 장사도, 나끝, 진대섬 등 일곱 개의 섬이 'ㄷ'자 형태로 이어지며 길이 780m, 폭 15m의 해저 지면이 드러난다. 바다 한가운데에 길이 생기는 이 신비한 현상은 '모세의 기적'이라 불리며, 매년 수많은 관광객이 이때를 맞춰 섬을 찾는다.

사도의 면적은 0.89㎢, 해안선 길이는 6.4㎞이며, 2024년 12월 기준 24가구 39명(남 22명, 여 17명)이 거주하고 있다. 임진왜란 때 성주 배씨가 이곳을 지나다가 해초류가 풍부해 생계를 꾸릴 수 있겠다 하여 정착하였다고 전한다. 섬 일대는 백악기 퇴적층이 넓게 분포해 있어 공룡 발자국(755점)이 발견되었으며, 모세의 기적으로 알려진 사도(모래섬)를 중심으로 추도(용궁섬), 중도(공룡섬), 증도(시루섬), 장사섬(만물섬), 부도(보물섬), 간도 등이 어우러진다.

사도에는 전설과 명소가 많다. 충무공 이순신 장군이 나라 걱정으로 머물렀다는 장군바위, 거북의 모습을 닮은 거북바위, 200여 명이 앉을 수 있는 멍석바위, 제주 용두암의 꼬리라 불리는 용미암, 높이 20m의 동굴바위 등 기암괴석이 즐비하다. 임진왜란 당시 이순신 장군이 고흥을 시찰하며 사도에 들러 거북바위를 보고, 해전에서 쓸 거북선의 형상을 떠올렸다는 이야기도 전해진다.

사도는 백악기의 흔적이 남은 '공룡섬'으로도 잘 알려져 있다. 시루섬의 기암절벽에 퇴적층이 고루 분포해 있으며, 규화목 화석층에서는 길이 1.5m의 대형 화석이 발견되었다. 공룡 발자국 화석은 세계 최장 84m에 이르는 보행렬로 확인되어 천연기념물 제434호로 지정되었다. 타포니 현상으로 생긴 바위의 구멍, 용암이 굳으며 남긴 바위맥, 절벽마다 자리한 용암 흔적과 나무화석 등은 마치 자연사 박물관을 옮겨놓은 듯하다.

사도의 해안에는 양면이 바다로 트여 있는 양면바다 해수욕장, 고운 모래밭의 사도 해수욕장, 돌꽃이 피어난 본도 해수욕장 등 세 개의 해변이 있다. 썰물 때는 양면 해수욕장을 건너 시루섬까지 걸을 수 있어 탐방객들에게 인기다. 은빛 백사장과 기암절벽이 어우러진 풍경은 사도의 또 다른 얼굴이다.

마을의 집들은 대부분 '강담'이라 불리는 돌담으로 둘러싸여 있다. 크고 작은 돌을 맞물려 쌓은 독특한 구조로, 고대 성곽을 연상케 한다. 이 돌담길은 마을 전체를 감싸며 등록문화재 제367호로 지정되어 있다.

전문가들은 사도 일대의 공룡 발자국이 일정한 간격으로,

같은 방향으로 이어진 점을 근거로이곳에서 공룡들이 무리를 지어 이동했을 가능성이 높다고 말한다. 여수시는 낭도리 공룡 발자국 기록화 사업을 통해 이 지역의 지층 연대를 조사하고 안내판을 세웠다. 그 결과, 사도의 지층은 국내 다른 공룡 화석 산지보다 비교적 젊은 시기로 밝혀졌으며, 공룡이 멸종하기 직전의 생태 환경을 복원할 수 있는 귀중한 자료로 평가된다. 파도와 바람은 그 오랜 발자국을 오늘까지 지켜왔다. 수천만 년 전의 생명의 흔적이 모래와 암석에 새겨져 남았듯, 지금 우리가 남기는 발자국 또한 바다와 시간 속에 남을 것이다. 공룡의 발자국이 자연의 유산이라면, 사람의 발자국은 자연과 공존해야 할 약속의 흔적이어야 한다.

사도 마을은 크지 않다. 중도에서 토도까지 걸어도 2km가 채 안 되지만, 섬은 아담하고 조용하다. 젊은이들은 거의 없고 주민 대부분이 65세 이상 노인들이다. 손바닥만 한 밭에 마늘, 콩, 깨를 심어 외지로 나간 자녀들과 나누며 살아간다. 초등학교 분교는 폐교되었고, 바람과 새들만이 운동장을 지난다.

여수와 고흥을 잇는 연륙교가 개통되면서 사도는 새로운 길목이 되었다. 백야도항에서 남서쪽으로 약 25km, 상·하화도를 거쳐 여자만으로 들어가는 길목에 자리 잡은 이 섬은 낭도에서 사도, 추도, 상·하화도를 잇는 여객선 항로가 개선되며 접근이 한결 쉬워졌다. 여수시는 2026년 세계섬박람회를 앞두고 낭도와 사도를 잇는 보행 전용 다리 건설을 추진 중이다. 차가 아닌 사람의 발로 건너는 이 길은, 머지않아 남해안의 새로운 탐방길이 될 것이다.

사도

바다가 갈라지는 영등사리,
일곱 섬이 손을 맞잡고
모세의 길이 열린다.

하얀 모래 위 갈매기 한 마리,
공룡의 발자국 위에 앉아
오래된 시간을 쪼아본다.

거북바위 앞 충무공,
바다의 뜻을 품어
어허, 둥둥, 승전의 북을 울리다.

추도

전라남도 여수시 화정면 낭도리의 추도는 사도 옆에 자리한 작은 섬이다. 여수에서 남서쪽으로 21km, 낭도에서 불과 1km 떨어진 해상에 있다. 섬의 면적은 0.04㎢, 해안선 길이 2.6km 이 작은 땅은 7천만 년 전의 시간을 품고 있다.

이름의 유래는 두 가지다. 작은 섬의 모양이 미꾸라지를 닮았다 하여 미꾸라지 '추(鰍)'자를 썼다는 설, 그리고 취나무가 무성해 '취도(臭島)'라 부르던 것이 변해 '추도'가 되었다는 설이다. 그 어느 쪽이든, 바람과 식물이 어우러진 섬의 생김새가 이름이 되었다.

추도는 세계적으로 주목받는 공룡 화석지다. 섬 곳곳에는 1,800여 개의 공룡 발자국 화석이 남아 있으며, 그중 여섯 마리의 초식공룡이 나란히 걸어간 84m 길이의 보행렬은 세계에서 가장 긴 조각류 공룡 발자국으로 기록된다. 사도 일대 다섯 개 섬에서는 약 3,546개의 발자국이 발견되었고, 이 지역은 아시아에서 가장 젊은 백악기(약 7천만 년 전)의 공룡 화석지로 천연기념물 제434호로 지정되어 있다.

이곳의 퇴적암층은 바람과 파도에 깎여 절벽을 이루고, 그 표면에는 식물화석, 연체동물 화석, 연흔(波痕)까지 남아 있다. 억겁의 시간이 만든 이 흔적들은 과학적 자료이자, 인류가 걸어온 시간의 시작을 보여주는 생명의 기록이다.

섬 안쪽으로 들어서면 낮은 구릉과 함께 돌담 마을이 나타난다. 크고 작은 돌을 맞물려 쌓은 '강담' 구조의 담장은 등록문화재로 지정되어 있으며, 파도에 닳고 비에 씻겨도 여전히 마을을 감싸고 있다. 공룡의 길과 사람의 길, 두 개의 시간이 한 섬 안에 나란히 이어져 있다.

해마다 음력 정월 대보름과 2월 영등, 4월 중순 무렵이 되면 바닷물이 빠지며 사도를 중심으로 낭도·추도·시루섬(증도)·장사도·나끝·연목까지 일곱 섬이 이어지는 바다의 길이 열린다. 길이 780m, 폭 15m의 해저 지면이 드러나고, 이

짧은 시간, 바다는 길이 되고 섬은 하나가 된다.

6천5백만 년에서 1억 년 전, 공룡들은 진흙밭을 오가며 놀고 쉬고 싸우고 살아가며 발자국을 남겼다. 그 발자국이 오늘의 추도와 함께한다. 지금의 바람과 파도는 그 오랜 시간의 언어를 따라 여전히 섬의 표면을 천천히 새기고 있다.

작지만 깊은 섬, 추도 그 위에 새겨진 시간은 여전히 살아 숨 쉰다.

추도

거센 바람에 닳은 돌담길,
갈라진 바다는
오래된 이름을 기억한다.

붉게 번진 노을 아래,
억겁의 시간이
공룡의 자취로 스민다.

물이 빠지면 열리는 길,
사도와 추도 사이
자연의 발자국이 드러난다.

낭도

지도 위에 낭도(狼島)라는 이름이 찍혔을 때, 사람들은 여우를 떠올렸다고 한다. 섬의 모양이 여우와 닮았다 하여 이리 '낭(狼)' 자를 써서 붙은 이름이지만 섬사람들은 오래 전부터 이곳을 '여산(麗山)'이라 불렀다. 이유는 단순하다. 섬의 산이 곱고, 숲이 수려해서다. 사람들은 자기가 사는 마을이 예쁘게 불리기를 원했고, 낭도는 그렇게 스스로를 다정하게 가꿔온 섬이다.

여수시 화정면 낭도리. 도심에서 남쪽으로 26.2km 떨어진 이 섬은 면적 5.63㎢, 해안선 길이 19.5km에 이른다. 2024년 기준, 167가구에 249명이 살아간다. 숫자로 보면 작지만, 그 속에는 수많은 시간과 이야기가 새겨져 있다. 섬 동쪽에는 상산(280m)이 솟아 있고 그 외엔 낮은 구릉지들이 부드럽게 펼쳐져 있다. 해안선은 만과 곶이 교차하며 리듬감 있게 굽이친다. 먼 바다에서 밀려오는 파도가 그 곶마다 부딪히며 물보라를 뿜어내는데, 그 모습은 낭도라는 이름보다 '낭만'이라는 말이 더 어울리게 만든다.

이 섬엔 물이 귀했다. 화산섬이기 때문이다. 사람들은 마을 곳곳에 우물을 팠고, 그중 한 우물엔 특별한 이름이 붙었다. 예전엔 아이를 낳은 여인이 젖이 마를 때면 남편이 섬 중턱으로 올라가 그 우물물을 떠다 몸을 씻겼다. 그러면 놀랍게도 젖이 샘처럼 흘러나왔다고 한다. 그리하여 그 우물이 젓샘이라 불리는데 지금도 그 우물은 여전히 맑은 물을 머금고 오랜 전설을 조용히 품고 있다.

낭도는 '살기 좋은 섬' 이면서 이제는 '찾고 싶은 섬'이 되었다. 2015년 전라남도에서 '가고 싶은 섬 1호'로 지정되었고, 낭도와 사도, 추도 등 주변 섬의 폐교를 리모델링해 국제 워크캠프, 공동 식당, 카페, 게스트하우스 등 청소년과 여행자들을 위한 공간이 새로 생겼다. 그뿐만 아니다. 낭도엔 걸을 수 있는 길이 있는데 공룡발자국이 남은 해변과 주상절리, 신선대, 쌍용굴을 따라 걷는 1코스, 낭만 해변길로 이어지는 2, 3코스는 낭도의 자연을 천천히 체험하게 만든다. 이 길을 걷다 보면 '섬의 시간'이란 것이 따로 있다는 걸 알게 된다. 빨리 걷는 사람이 이기는 게 아닌, 오래 머무는 사람이 더 많이 남기는 그런 시간 말이다. 그리고 하나 더, 매년 음력 2월 초하루와 백중사리 즈음이면 낭도 앞바다의 바닥이 갈라진다. 사도에서 시작해 추도, 간도, 시루섬, 장사도, 나끝, 진대섬까지 일곱 개 섬이 하나로 이어지는 '모세의 기적'이 이곳에서도 일어난다.

예전에는 낭도에 닿으려면 여수에서 배를 타고 한 시간 사십 분은 넘게 걸렸다. 하지만 2020년 2월, 국도 77호선이 개통되며 조발도·둔병도·낭도·적금도를 잇는 다섯 개의 연륙교가 완성되었다. 이제는 자동차로 단 20분이면 닿을 수 있다.

섬은 더 이상 멀지 않은 곳이 되었다. 그렇다고 낭도가 섬의 시간을 잃은 것은 아니다. 바람은 여전히 느릿하게 불고, 파도는 어제처럼 제 속도로 밀려온다.

사람들은 이곳에 와서 '젓샘 막걸리'를 마시고, 갯벌 위를 걷고, 돌담에 기대어 쉬며 잊고 있던 단어 하나를 떠올린다. 바로 '낭만' 그 말의 고향이, 어쩌면 이 섬이 아닐까 싶은 순간이 찾아온다.

낭도

바람은 늘 먼저 와서
바다의 이마를 쓸어준다.
파도는 조용히 밀려와
섬의 하루를 열어준다.

낭도, 여우의 이름을 가진 섬.
웃음으로 바다를 건너고,
돌담에 기대 앉아
잊고 있던 낭만을 다시 꺼낸다.

조발도

전라남도 여수시 화정면 조발리에 있는 섬, 조발도. 이름은 아침 해가 가장 먼저 떠올라 섬 전체를 밝힌다 하여 '일찍 조(早)', '쏠 발(發)' 자를 써 붙였다. 화양면 이목에서 둔병도를 지나 적금도로 가는 길목, 바다 위에 길게 누운 작은 섬이다. 지형이 말의 등처럼 완만하게 굽어 평지도, 높은 산도 없이 온통 경사로 이루어져 있어 이웃들은 정겹게 '삐뚤이 동네'라 부른다.

화양면 남단에서 남서쪽으로 뻗은 이 섬은 면적 1.05㎢,

해안선 길이 7.8㎞ 남짓으로 2024년 12월 기준, 25가구 34명의 주민이 바다와 바람 사이에서 조용히 하루를 살아간다. 조발도는 북서에서 남동으로 길게 뻗은 섬이다. 중앙 능선을 따라 경사가 가파르게 이어져 섬 어디서나 바다가 보인다. 인근 여수반도의 봉화산, 고봉산, 낭도산이 남동으로 잇닿으며 산과 바다가 교차해 만든 곡선이 조발도에도 이어진다.

남쪽 조발도길 아래에는 잔자갈과 둥근 돌이 파도에 밀려 쌓인 몽돌해변이 있다. 짧지만 반짝이는 그 해변은 바람과 물결이 남긴 흔적처럼 조용히 빛난다. 섬의 면적은 작지만 땅은 알차다. 논 0.01㎢, 밭 0.31㎢, 임야 0.36㎢. 북쪽의 완만한 구릉지에는 보리와 고구마가 자라고, 마늘과 무, 콩이 조금씩 심어진다. 봄이면 밭고랑마다 새순이 돋고, 그 위로 바람이 지나가며 잎사귀를 흔든다. 섬사람들의 손길이 만든 하루가 조용히 바다와 이어진다.

조발도의 바다는 멸치와 장어, 농어, 볼락이 오가고 피조개와 새고막, 굴이 제철마다 올라온다. 섬사람들은 봄이면 조용히 그물을 손질하고, 여름엔 해가 길어도 바다 위에서 하루를 보낸다.

집들은 북쪽 해안가에 모여 있고, 예전엔 우물물에 의지해 살았지만 2020년 상수도 공사가 완공되면서 이제는 섬에서도 맑은 수돗물이 흐른다. 예전엔 벌가항에서 하루 세 번 여객선이 오갔으나 지금은 다리가 바다 위를 대신 건넌다. 2020년 2월, 여수와 고흥을 잇는 연륙·연도교가 개통되며 조발도는 육지의 품으로 들어왔다. 적금대교, 낭도대교, 둔병대교, 그리고 화양조발대교 네 개의 다리가 바다 위를 잇는 길을 열었다. 그중 화양조발대교는 다이아몬드형 두 주탑이 선 사장교로, 섬과 육지를 가장 우아하게 이어주는 다리다.

조발도는 하루의 시작과 끝이 가장 아름다운 섬이다. 해가 떠오를 땐 붉게 물든 바다가 섬을 감싸고, 해가 질 무렵이면 적금도 쪽 하늘이 수채화처럼 번진다. 일출과 낙조가 하루 두 번이나 섬을 물들이니, 이보다 더한 풍경이 또 있을까.

마을 오른쪽으로는 황토빛 무인도 하나가 길게 이어져 있는데, 솔개가 날개를 펴고 나는 듯한 모습이라 사람들은 '솔개섬'이라 부른다. 바람이 잔잔한 날이면 그 그림자가 물 위에 흩어진다. 조발도는 화정면 여자만의 초입, 고흥반도에서 불과 2.5km 남짓 떨어져 있다. 낭도와 적금도, 둔병도, 사도, 추도로 이어지는 길목에 자리해 이순신 장군이 세웠다는 봉화대가 지금도 적금도 요막산에 남아 있다.

인구가 줄면서 여객선은 사라졌고, 한때 이목리 벌가 포구에서 도선이 다녔다. 지금은 다리가 그 자리를 대신한다.

마을 언덕 위 당집에는 거북의 위패가 모셔져 있다. 사람들은 거북을 바다의 영물이라 믿고 정월 대보름이면 당산제를 올린다. “은혜를 잊지 말고 오래도록 평안하라”는 기원을 담아 바다에 절을 하고 촛불을 켠다. 그 불빛이 파도에 스며 섬의 밤을 지켜준다.

여수시와 고흥군을 잇는 국도 77호선은 4개 섬(조발도·둔병도·낭도·적금도)을 잇는 5개 연륙교(화양대교~조발~둔병~적금~낭도~팔영대교), 총연장 17km의 2차선 도로로 2011년 착공되어 2020년 2월 개통되었다. 이제 여수에서 자동차로 단 20분이면 조발도에 닿는다. 가까워졌지만, 섬의 시간은 여전히 느리다. 바다와 함께 사는 일, 그 단순한 기쁨이 아직 남아 있는 곳. 그래서일까, 사람들은 이곳에서, 잊고 있던 쉼의 의미를 다시 느낀다.

조발도

빼뚤네 조발도에
아침 해가 가장 먼저 뜬다.
햇살이 온 섬을 감싸면
풍광은 한 폭의 수채화가 된다.

물결 위 젖은 마을,
어촌의 노래 따라
삶은 항아리 속 젓갈처럼
오래도록 익어간다.

노을빛을 머금은 조발도,
진주처럼 반짝이며
육지와 섬을 잇는 다리 위로
봉황의 빛이 번져온다.

적금도

전라남도 여수시 화정면 적금리에 속한 섬, 적금도는 조선 초기에는 '적포' 혹은 '적호(赤湖)'라 불렸으나, 금이 나는 섬이라 하여 쌓을 적(積) 자, 쇠 금(金) 자를 써 '적금도(積金島)'라 불리게 되었다. 지금도 산자락에는 옛 금광굴이 남아 있어 그 시절의 흔적을 간직하고 있다.

화정면 서쪽, 고흥과 맞닿은 바다 위에 자리한 적금도 주변으로는 만월도, 상과도, 하과도, 매도, 마구섬, 소당도, 독

섬 등 작은 부속섬들이 흩어져 있다. 면적 0.81㎢, 해안선 길이 9㎞, 2024년 12월 기준으로 78가구 111명이 살며, 그 중 절반 가까이가 고령 신씨로 오래된 집성촌을 이룬다.

적금도라는 이름은 '작기미섬'에서 비롯되었다고 전해진다. '작기미'는 자갈밭이 발달한 해안을 뜻하고, '기미'는 후미진 포구를 가리키는 해양 지명이다. 섬에는 지금도 도네기, 선바, 큰마을, 돈목, 갱이발, 탑고지, 당산끝, 요막산, 산밭골, 연목 등 오랜 지명이 남아 있다.

1896년 돌산군 옥정면의 소재지였던 이곳은 1914년 행정구역 개편으로 여수군 화정면에 편입되었고, 1998년 삼려통합 이후 여수시에 속하게 되었다. 화정면 소재지인 백야리에서 18.5㎞, 서북쪽 2.5㎞엔 고흥군, 동쪽 2㎞엔 둔병도, 남쪽 2㎞엔 낭도가 있다. 예전에는 벌가마을에서 출항하던 '우리바다호'가 하루 두 번 오갔지만, 지금은 다리로 이어져 있다. 2020년 2월, 조발도·낭도·둔병도·적금도를 잇는 4개의 연륙·연도교가 한꺼번에 개통되며 여수와 고흥은 육로로 연결되었다. 이로써 적금도는 섬이면서도 더 이상 멀지 않은 섬이 되었다.

전체 면적은 77.5ha, 논 0.8ha, 밭 55.5ha, 임야 10.5ha로 이뤄져 있다. 주요 농산물은 맥주보리와 고구마, 고추이며, 바다에서는 돔·볼락·우럭·굴이 양식되고, 농어·낙지·문어·감성돔이 제철마다 오른다. 바람이 잦은 계절이면 갯가에는 해조류와 바지락을 캐는 손길이 끊이지 않는다. 섬의 동쪽 해안을 따라 이어진 마을길은 파도와 사람의 발자국이 함께 닦아낸 길이다.

적금리에는 한때 여산초등학교 적금분교가 있었으나, 1998년 폐교되었다. 이제 그 자리에 아이들의 웃음 대신 파도소리만 들린다. 바다 건너 고흥이 손에 잡힐 듯 가깝지만, 섬의 시간은 여전히 느리게 흐른다. 해가 질 무렵이면 요막산 능선에 붉은 빛이 퍼지고, 그 빛은 바다를 따라 퍼져 나가 이웃 섬들의 물결 위로 번져간다. 이름처럼, 이곳은 금빛으로 하루를 쌓는 섬이다.

작기미 아침

물비늘 반짝이는 포구,
어선 한 척 고요를 가르고

거센 파도에 닳은 세월,
작기미는 금빛으로 숨 쉬네

연륙교 위로 빛이 건너와
적금도의 하루가 열리는구나

둔병도

한때는 바다의 먼 끝, 배를 타야 닿을 수 있는 섬이었다. 그러나 지금은 육지를 따라 바퀴가 도는 길 위에 있다. 조발도와 낭도, 적금도를 지나 국도 77호선을 달리다 보면, 바다가 움푹 들어앉은 듯한 풍경 속으로 스며든다. 그곳이 바로 둔병도(屯兵島)다.

임진왜란 때 수군이 잠시 머물렀던 기억에서 비롯되어, 병사들이 진을 치고 머물렀던 섬이라 하여 '둔병'이라 불렸다.

다른 이들은 마을 앞에 두 개의 깊은 웅덩이, '둠벙'이 있었다 해서 그렇게 불린다고도 한다. 하지만 사람들은 둔병도는 물을 품은 그릇 같은 섬이라고 말한다.

둔병도는 크지 않다. 해안선을 따라 걸으면 6km 남짓, 바람이 부드럽게 스치는 거리다. 바다를 따라 굽이진 해안은 어디서 멈춰도 한 폭의 그림이 되고, 남서쪽에는 깎아지른 해식애가, 북서쪽에는 갯벌이 있다. 썰물 때면 백로의 그림자가 그 위를 천천히 지난다. 가장 높은 곳은 114미터 남짓. 급경사 없는 구릉지라 언덕을 따라 걸으면 섬 전체가 한눈에 들어온다.

고구마와 마늘, 보리가 자라는 밭고랑 사이로 돌담이 낮게 이어지고, 그 너머로 감나무가 가지를 내민다. 손에 흙을 묻히고, 바람에 얼굴을 맡기며 하루를 일구는 사람들. 농사는 많지 않지만, 그들의 땀은 바다처럼 깊다.

이곳 주민 대부분은 고흥 배씨의 후손이라 한다. 조선 수군으로 이곳에 발을 디딘 뒤 전쟁이 끝나도 떠나지 못한 이들, 산이 좋고 물이 좋아 정착한 사람들이다. 지금도 그 후손들이 둔병도의 집들을 지킨다. 이제 둔병도는 더 이상 멀지 않다. 조발도, 낭도, 적금도를 잇는 다섯 개의 다리를 지나면 불과 스무 분 만에 닿는다.

연륙교가 생기고, 차들이 오가는 소리가 마을 어귀까지

번진다. 예전엔 여객선을 타고 서로 안부를 나누던 풍경이 있었지만, 이제는 조용한 도로 위로 자동차 그림자가 그것을 대신한다. 그러나 변화 속에서도 섬의 본모습은 사라지지 않는다. 바다는 여전히 이른 새벽 안개를 품고 있고, 해풍은 매년 멸치와 장어를 데려온다. 문어가 그물에 걸려 올라오고, 김과 꼬막이 자라는 바다는 지금도 누군가의 삶을 지탱한다. 포구엔 작은 배들이 매달려 있고, 섬사람들은 여전히 그 배를 타고 바다로 나선다. 이곳의 시간은 다르다. 시계는 돌지만 마음은 느리다. 절벽 위에서 바다를 내려다보면, 수천 년 전에도 이 물결이 이리 일렁였을까 싶은 생각이 든다.

하화도, 상화도, 낭도, 조발도 같은 동무 섬들이 곁을 지켜 외롭지 않다. 고요함이 외로움이 아니라, 오히려 품이 된다. 둔병도는 화려한 풍경보다 깊은 호흡을 기억하게 하는 곳이다. 잠시 머물렀다 가도 오래 남는 풍경. 마치 물이 고인 그릇처럼, 누구든 한 번쯤 마음을 담아둘 수 있는 조용한 섬이다.

둔병도

여자만의 물결 사이로
햇살 한 줄기, 은빛 길을 내는
둠벙이 섬, 둔병도

갯벌 속 꼬막들이
조용히 하루를 열면
섬은 물의 그릇이 되고

멀리 이웃섬 불빛이
저녁의 바다를 건너오면
둔병도의 파도가 잠시 길을 멈춘다.

상화도

전라남도 여수시 화정면 상화리에 속한 상화도는 이름처럼 꽃이 피어 있는 섬이다. 여수 시내에서 남서쪽으로 약 22.2㎞ 떨어진 바다 위에, 하화도와 나란히 서서 서로를 바라보는 연인처럼 마주하고 있다. 소의 머리 모양을 닮았다는 이 섬은 '윗꽃섬'이라 불리며, 약 380년 전 배씨(裵氏)가 처음 들어와 마을을 이뤘다. 봄마다 진달래가 온 섬을 붉게 물들이자 사람들은 자연스레 이곳을 꽃섬이라 불렀고, 위쪽에 있다 하여 '상화도'라는 이름이 생겨났다.

면적 0.76㎢, 해안선 길이 4.9㎞의 작은 섬에는 2024년 12월 기준 45가구, 67명(남 40명, 여 27명)이 살고 있다. 남동쪽에는 하화도, 북동쪽에는 백야도, 서쪽에는 낭도가 있어 다도해의 풍경이 병풍처럼 둘러싼다. 섬의 최고봉은 정강산(148m)으로, 완만한 구릉지를 중심으로 암석해안과 간석지가 어우러진다.

남쪽 해안은 바위로 단단하고, 북쪽과 동쪽에는 바다의 짠내를 머금은 갯벌이 부드럽게 펼쳐져 있다. 지질은 중생대 백악기의 화성암, 그중에서도 중성화산암류로 이루어져 있어 세월의 흔적이 바위마다 새겨져 있다.

섬의 대부분 주민은 농업과 어업을 함께 하며 살아간다. 고구마, 보리, 마늘, 콩, 무 등이 섬의 밭에서 자라고, 감성돔, 장어, 멸치가 바다에서 오르며, 꼬막과 바지락, 굴, 전복, 김 양식이 어민들의 삶을 지탱한다. 취락은 동쪽 해안에 집중되어 있으며, 전력과 상수도가 공급되지 않아 자가 발전과 우물물을 이용한다. 불편함 속에서도 사람들은 자연과 조화롭게 살아가며, 바다의 시간에 맞춰 하루를 연다.

섬 한 바퀴를 걷는 길은 약 두 시간 남짓, 탐방로를 따라 흐드러진 야생화와 바다로 떨어지는 약수가 상화도만의 매력을 더한다. 봄이면 진달래와 유채꽃이, 여름이면 갯바람에 흔들리는 억새와 풀꽃이 섬의 색을 바꾼다. 정강산 정상에 서면 화정면 일대의 다도해 풍경이 시원하게 펼쳐지고, 멀리 고흥 나로도 우주센터의 하얀 발사대가 손에 잡힐 듯 가까이 보인다. 출렁다리를 건너며 내려다보는 바다는 은빛으로 반짝이며, 바람이 지나가는 길마다 꽃잎이 흩날린다. 상화도 산책로는 최근 새로 정비되어 선착장에서 왼편으로 이어지며, 새로운 전망대를 지나 정상까지 닿는다.

약수터로 향하는 길에는 돌담과 마을이 어우러져 옛 섬의 정취를 남기고, 해안가에서는 파도소리와 새들의 울음이 하루를 채운다. 교통은 여수 연안여객선터미널에서 태평양해운의 '태평양1호'가 하루 한 차례 운항한다. 백야도 선착장에서 오전 8시에 출발해 55분 만에 상화도에 닿고, 오후 1시 30분에 출항해 2시 25분 백야도로 돌아온다. 낭도 선착장에서도 하루 세 차례 운항하며, 섬과 섬을 잇는 작은 뱃길이 사람들의 삶을 이어준다.

상화도는 그리 크지 않지만, 섬의 리듬은 넓다. 조용한 바람, 불편함 속의 평화, 그리고 바다 위에서 피어나는 꽃들. 그래서 사람들은 이 섬을 '살아 있는 꽃섬'이라 부른다. 바다와 함께 피고 지는 꽃, 그것이 상화도의 또 다른 이름이다.

상화도

바다와 마주 앉아
먼 섬의 이름을 부른다.
하화도, 백야도, 낭도
바람이 그 이름을 되새긴다

비렁길에 피어난 들꽃,
바위틈 햇살에 머물고
파도는 말없이 지나가
섬의 시간을 적신다.

출렁다리 위의 고요,
멀리서 들려오는 배의 기적.
섬은 아무 말 없이
빛으로 대답한다.

하화도

전라남도 여수시 화정면에 속한 하화도는 남쪽에 자리한 '아래 꽃섬'이다. 지형이 소의 머리를 닮아 '소섬'이라 불리기도 했고, 섬 전체를 뒤덮은 동백과 진달래, 섬모초 덕분에 예로부터 '꽃섬'이라 불렸다. 면적 0.71㎢, 해안선 길이 6.4km. 2024년 12월 기준 39가구, 53명의 주민이 바다를 곁에 두고 살아간다.

서쪽으로는 상화도가, 북동쪽에는 백야도가 있다. 봄이면 붉은 꽃잎이 바람결에 흩날려 두 섬 사이 바다를 물들이고,

해가 지면 백야도 쪽 하늘이 붉은 노을로 물든다. 임진왜란 무렵 인동 장씨가 처음 들어와 터를 잡았다 하고, 이순신 장군이 항해 중 꽃이 만발한 섬을 보고 '꽃섬'이라 불렀다는 이야기도 전한다. 그만큼 이곳은 오래전부터 계절마다 다른 얼굴을 가진 섬이다.

섬을 한 바퀴 돌면 가장 먼저 마을의 담벼락이 눈에 들어온다. 직접 그린 벽화들이 이어지고, 오래된 골목길마다 그림처럼 작은 집들이 다닥다닥 붙어 있다. 1981년 '범죄 없는 마을'로 지정되어 검찰청에서 달아준 간판이 여전히 정자나무 아래에 걸려 있다. 바람이 지나가면 나무 잎이 흔들리고, 그 아래에서 어르신들은 담소를 나눈다. 이곳에서는 예순이면 아직 젊은 편이다. 포구에는 할머니들이 미역과 멸치를 손질하고, 바다에는 할아버지들이 감성돔을 잡으러 통통배를 몰고 나간다. 마을회관 옆 팔각정 휴게소에는 늘 차 한 잔을 올려놓고 쉬는 이들의 모습이 있다. 도시의 시간은 빠르지만, 이 섬의 하루는 파도처럼 천천히 흘러간다.

하화도의 둘레길은 섬의 보석이다. 5km 남짓한 길을 따라 천연 목재 데크가 이어지고, 바람이 나뭇잎 사이로 부딪히며 맑은 소리를 낸다. 절벽 아래 큰 굴을 지나 출렁다리를 건너면 바다와 산이 맞닿은 풍경이 한눈에 펼쳐진다. 정상 전망대에 오르면 상화도와 낭도, 멀리 나로도 우주센터까지 보인다. 파도가 닿지 않는 높은 곳에서도 바다 냄새가 느껴지고, 발밑으로 펼쳐진 다도해의 곡선은 마치 손끝으로 그린 수묵화 같다. 산책로 중간중간에는 부추꽃, 원추리, 구절초가 길손을 반기고, 바람에 흔들리는 풀잎 사이로 작은 나비들이 지나간다. 섬의 풍경은 단정하고 조용하지만, 살아 있다는 느낌이 강하다.

하화도는 전기가 태양으로부터 온다. 마을 뒤편에 국내 최초의 태양광 발전소가 자리하고 있어 낮의 햇살이 밤의 불빛으로 이어진다. 집들은 주황빛 지붕을 맞대고, 그 아래로 바람이 골목을 따라 흐른다.

모래해변은 없지만, 파도와 바위가 부딪히는 소리 자체가 이 섬의 음악이다. 마을 입구에는 봄마다 꽃밭이 조성되고, 방문객들은 그 길 위에서 사진을 찍으며 "사람이 꽃보다 아름답다"는 노랫말을 떠올린다.

하화도는 작지만 단단한 섬이다. 상화도와 나란히 선 두 섬은 서로의 바람을 막아주며 남해의 물결 속에서 천천히 피어난다. 봄의 진달래, 여름의 초록, 가을의 노을, 겨울의 고요까지 이 섬은 사계절의 표정을 모두 품고 있다. 배가 들어오면 포구의 종소리가 울리고, 바람이 꽃잎을 데리고 나가면 또 다른 하루가 열린다. 꽃섬 하화도는, 잊었던 여행의 이유를 떠올리게 하는 곳이다.

하화도

소의 머리를 닮은 섬,
조용히 파도를 흔들며
꽃의 향기에 젖어 있는 하화도,
바다는 오늘도 꽃잎처럼 흔들린다.

푸른 하늘은 물빛을 품어
잔잔히 흔들리고
작은 배 한 척이
물결 속으로 길을 낸다.

둘레길에 핀 들꽃 냄새,
그 향을 따라
출렁다리를 건너면
갈매기 울음이 희망처럼 들려온다.

여자도

여자도는 여수시 화정면에 딸린 섬이지만 본래의 이름이 '넘자 섬'이라고 한다. '넘자'의 뜻을 풀어 한자로 표기하면서 '넘'과 '자'로 나누어서 먼저 '넘'은 남이란 뜻의 너 '汝'로 표기하고, 자는 스스로 '自'로 표기하여 여자(汝自)도라고 하게 되었다는 논리다. 여자도(汝自島)는 공중에서 보면 '너 여(汝)'자 형이고, 육지와 거리가 너무나 멀어 모든 생활수단을 '스스로 해결한다.' 는 뜻의 '스스로 자(自)'자를 써 '여자도'라 불렀다고 한다. 여자도 바로 옆에 작은 섬이 송여자도이다.

여자도는 대동마을과 마파지마을 두 개의 마을로 이루어져 있다. 남쪽의 마파지마을은 남풍, 즉 마파람이 불어오는 마을이라 하여 이름이 붙었다. 섬의 면적은 0.59㎢, 해안선 길이는 7.5km, 2024년 12월 기준으로 99가구 183명(남 94명, 여 89명)이 이곳에 산다.

섬의 역사는 400년 전으로 거슬러 올라간다. 임진왜란 무렵, 남원 방씨가 낙안면에서 들어와 마파지에 정착했고, 이어 초계 최씨가 대동마을에 터를 잡았다. 그 후 세대가 이어지며 섬은 고요히 사람의 숨결을 품어왔다.

여자도는 여수반도와 고흥반도 사이에 위치해, 여자만(順天灣)에 품 안긴 듯 있다. 평균 수심은 3~5m로 얕고, 순천과 벌교에서 흘러드는 민물이 만나 좋은 염도와 비옥한 갯벌을 만든다. 이곳 갯벌은 '땅이자 바다'다. 피조개, 새꼬막, 키조개, 맛조개가 자라나고, 낙지와 감성돔이 그 사이를 헤엄친다. 한때 피조개의 고장이었지만, 지금은 전국 새꼬막 생산량의 80%를 차지할 만큼 새꼬막 양식이 성하다.

섬 사람들은 물이 부족해도 이 풍요로운 바다에서 삶을 일군다. 마늘, 보리, 녹두, 고구마가 밭마다 푸르게 자라고, 새벽의 바람에 갯내음이 섞인다. 여자도는 바다를 텃밭 삼아, 해마다 어업으로 풍년을 맞는 섬이다. 섬의 세 마을은 모두 다정하고 소박하다.

사람들은 함께 밥을 나누고, 바다의 일로 하루를 함께 시작한다. 파도와 햇살이 어우러진 이 마을들은 변색이 없는 풍경처럼, 세월 속에서도 따뜻한 빛을 잃지 않았다.

2012년 여수세계박람회를 앞두고, 당시 이장이던 최광오 씨의 제안으로 여자도와 송여자도를 잇는 '붕장어 다리'가 놓였다. 바다 위를 가로지르는 인도교는 사방이 바다로 열린 환상의 길이다. 해안 데크길을 따라 걷다 보면 파도가 밀려와 모래를 쓸고, 그 위로 남도의 햇살이 반짝인다.

밀물 때면 다리 위 강태공들이 낚싯대를 드리우고 숭어와 감성돔을 낚는다. 바람 속에서 웃음이 퍼지고, 저녁이 오면 다리 아래로 황금빛이 번진다. 섬 한 바퀴를 도는 둘레길은 대동마을에서 시작해 벚꽃길, 개미허리길, 마파마을, 검은 모래 해변, 붕장어 다리, 송여자도, 상괭이 전망대로 이어진다. 한 시간 남짓의 길이지만, 발걸음마다 바다가 말을 걸어온다. 갯벌에는 게, 서대, 낙지, 새우, 장어가 오가고, 바다에서는 여전히 새꼬막과 피조개가 조용히 숨을 쉰다.

1968년 개교한 소라초등학교 여자분교는 40년 동안 아이들의 배움터였다. 이제 학생이 없어 폐교가 되었다. 젊은 사람은 줄고, 어르신들만 남았지만 그들은 여전히 갯벌을 밭 삼아 살아간다. 해질 무렵, 육지에서 바라본 여자도는 오렌

지빛 노을이 바다에 스며 황금빛으로 빛난다. 사람들은 이 섬을 '황금섬'이라 부른다. 그 이름처럼, 여자도는 오늘도 스스로 빛나며 남해의 잔잔한 품 속에서 천천히 하루를 살아간다.

여자도

태고의 하늘이 바다를 열고
스무 리 물길 위에
넘자섬 하나를 세웠다.
'너 스스로'라 불린 여자도.

바람 따라 걷다 보면
다리 위 강태공들 웃음이 번지고,
노을이 천천히 내려앉아
섬이 저녁이 된다.

갯벌 속 꼬막 하나
살아 있다는 숨소리,
붉은 노을이 바다에 번져
섬 전체가 수채화가 된다.

송여자도

여수시 소라면 여자도 인근에 자리한 송여자도. 예전엔 '소여자도'라 불렸다. 여자도보다 작은 섬이라는 뜻으로, 옛 이름은 '솔넘자'였다. 여기서 '솔'은 '작다'는 뜻이기도 하고, 섬에 소나무가 많아 '송(松)'으로 불렸다는 설도 전해진다. 실제로 지금도 섬 어귀에는 오래된 거송 한 그루가 마을을 지키듯 서 있다.

송여자도의 면적은 0.17㎢, 해안선 길이는 3.75㎞. 최고 높이 48m 남짓의 낮은 언덕으로 이루어져 있으며, 한 바퀴를 돌아보는 데 채 한 시간이 걸리지 않는다. 2024년 기준 23가구 43명이 살고 있는, 작지만 정겨운 섬이다. 포구를 등지고 선 집은 하나도 없고, 어느 방향으로 걸어도 바다가 마주 보인다.

이 섬이 속한 여자만은 남해의 가장 아늑한 품이다. 여수와 고흥, 순천이 둘러싼 바다 속의 바다. 파도가 세차지 않아 마치 호수처럼 잔잔하고, 안쪽에는 낭도·적금도·조발도·둔병도 같은 섬들이 오밀조밀 모여 있다. 물결보다 햇살이 먼저 닿는 여자만의 아침, 그 빛을 가장 먼저 받는 섬이 바로 송여자도다.

송여자도는 작은 섬이지만, 그 안에는 바다의 길과 삶의 길이 함께 있다. 여자도와 송여자도를 잇는 '붕장어 교량'은 하늘에서 보면 마치 한 마리 붕장어가 바다를 헤엄치는 듯하다. 여자만의 대표 어종인 붕장어를 형상화해 만든 다리로, 섬 주민들에게는 생활의 길이다. 다리 위에서는 낚시를 즐길 수도 있고, 저녁 무렵 노을이 붕장어 교량 아래로 스며들면 바다 전체가 금빛으로 물든다.

섬 입구에는 '송여자도 마을'이라는 표지석이 세워져 있다. 마을 안쪽으로 오르면 한때 아이들의 웃음이 가득했던 소라초등학교 송여자분교장이 있다. 2007년 폐교된 뒤로는 마을의 쉼터로 남았고, 교정에는 '책 읽는 소녀상'이 앉아 있다. 이 소녀가 바라보는 방향에는 납계도라는 작은 섬이 있다. 둥근 모양 때문에 예전엔 '납닭도'라 불렸다고 한다. 썰물 때면 물이 빠져 걸어서도 건널 수 있을 만큼 가까운 거리다. 지금은 사람 대신 갈매기와 파도가 그 자리를 지킨다. 아이들은 도시로 떠났지만, 분교의 교정과 소녀상, 그리고 납계도는 여전히 섬의 시간을 고요히 이어가고 있다.

송여자도의 하루는 언제나 느리게 흘러간다. 새벽이면 포구에 매인 작은 배들이 한 줄로 바다를 향해 나가고, 정오가 되면 햇살이 마을 골목의 그물에 앉는다. 해풍에 말라가는 미역 냄새와 소금기 어린 바람이 섞여 섬의 냄새를 만든다. 해가 저물 무렵엔 방파제에 노을이 내려앉고, 멀리 납계도 너머로 마지막 빛이 번져간다.

이곳의 삶은 단순하지만 단단하다. 바다를 일구고, 갯벌에서 꼬막을 캐고, 붕장어를 잡는 일상이 반복되지만 그 속엔 섬만의 질서와 평화가 있다. 바람은 부드럽고, 파도는 낮으며, 사람들은 그 고요함 속에 자신만의 시간을 살아간다.

송여자도는 작지만 오래도록 마음에 남는 섬이다. 도시의 소음에서 벗어나 이곳에 서면, 파도의 리듬이 천천히 몸에 스며든다. 바람이 먼저 말을 걸고, 바다가 대답한다. 그 사이에서 우리는 잠시, 진짜 고요를 배운다. 여수 연안여객선터미널에서 하루 한 차례 여자도를 경유해 닿을 수 있으며, 여자도에서 붕장어 교량을 건너면 송여자도의 마을이 모습을 드러낸다. 해가 기울 무렵, 그 다리 위에서 바라보는 여자만의 노을은 꼭 한 폭의 그림 같다. 잔잔한 물결 위로 금빛이 번지고, 섬은 천천히 저녁의 색으로 물든다. 그렇게 하루가 저물면, 이 섬은 다시 고요 속으로 돌아가지만 그 풍경은 오래도록 여행자의 마음에 남는다.

송여자도

마파람 불어오는 넘자 바다,
새벽빛이 물결 위에 스민다.
작은 섬, 송여자도

붕장어 다리 건너
바람은 낮은 파도를 쓰다듬고,
하루의 고요가 갯벌에 머문다.

저녁이면 노을이 내려와
지붕 위에 불을 밝히고
멀리 여자만의 불빛이 일렁인다.

잠시 스쳐 가는 삶이라도
이 섬의 바다빛만은
내 마음에 오래 남으리.

II

전라남도 여수시 남면

여수의 동남단, 다도해의 깊은 품 안에 남면이 있다.

이곳의 중심은 금오도 우학리. 북쪽으로는 돌산읍과 화정면을 바라보고, 남쪽으로는 수많은 섬들이 어깨를 맞댄다.

바다 위에 흩뿌려진 섬들은 금오열도를 이루며, 여수의 푸른 바다와 사람들의 삶을 품고 있다. 남면은 우학리, 유송리, 심장리, 화태리, 월호리, 두라리, 횡간리, 두모리, 안도리, 연도리의 10개 법정리로 구성되어 있다.

10개의 유인도와 25개의 무인도가 함께 다도해해상국립공원에 속해 있으며, 산과 바다가 교차하는 절경이 이어진다.

가장 큰 섬은 금오도, 그리고 그 곁에 안도와 연도가 바다의 길을 따라 이어져 있다. 섬마다 이름이 이야기가 되고, 바다마다 역사가 스며 있다.

남면의 역사는 깊다. 757년 신라 경덕왕 때는 여산현에 속했고, 고려와 조선을 거치며 돌산현과 순천부, 전라좌수영의 관할로 옮겨 다녔다.

'난중일기'에도 금오도의 이름이 등장한다. 충무공 이순신이 언급한 이 바다는 봉산(封山)으로 지정되어, 한때 사람의 거주조차 금지되던 땅이었지만 1789년 '호구총수'에는 이미 횡간도, 안도, 두리도, 수태도 등에 사람이 살았다는 기록이 남아 있다.

섬의 시간은 그렇게 오래된 바람 위에서 흘러왔다. 오늘날

남면은 육지와 바다를 잇는 다리의 시대를 맞았다. 화태도는 이미 화태대교를 통해 돌산과 이어졌고, 금오도와 안도 사이엔 2010년 안도대교가 놓였다. 863번 지방도는 17번 국도로 승격되어, 머지않아 금오도와 화태도를 잇는 연륙교로 이어질 계획이다.

배가 닿던 길이 차의 길로 바뀌었지만, 바다는 여전히 모든 길의 출발점이자 종착점이다. 이곳 남면은 다도해해상국립공원의 중심이기도 하다. 푸른 숲과 해변, 작은 포구들이 이어진 길에는 여전히 옛 여수의 정취가 남아 있다.

금오도 비렁길, 안도해수욕장, 그리고 메봉산에서 망산으로 이어지는 해안 등산로는 사계절 내내 걷는 이들의 마음을 붙잡는다. 금오도 고인돌, 안도 봉수대, 조동훈 영세불망비, 횡간도와 연도의 조개더미 유적 등섬마다 발굴된 유물은 이 바다가 오랜 세월 사람의 터전이었음을 증언한다.

섬마다의 풍경도 다르다.

금오도의 푸른 절벽, 안도의 하얀 모래, 연도의 고요한 물결, 화태도의 다리와 횡간도의 조용한 갯마을. 섬들은 저마다의 이름으로 하나의 풍경을 완성한다.

그 한가운데서 남면은 바다와 함께 한다.

바람이 말을 걸고, 물결이 대답하는, 여수의 가장 남쪽 끝 남면의 섬들이 오늘도 바다 위에 살고 있다.

금오도金鰲島

전라남도 여수시 남면 금오열도에 속한 가장 큰 섬이 금오도(金鰲島)다. 무인도인 세존도를 삼각선으로 잇는 두라리, 안도리, 연도리, 화태리, 횡간리, 월호리, 개도 등 30여 개의 유무인도가 함께 금오열도를 이룬다.

울창한 숲이 섬을 덮어 멀리서 보면 검게 보이기에 '거무섬'이라 불렸고, 그 이름이 변해 '황금 거북의 섬' 금오도라 전해진다.

섬의 모양이 자라를 닮아 '자라섬'이라고도 했으며 면적은 27.0㎢, 해안선 길이는 64.5㎞로, 2024년 기준 인구 1,341명(남 688명, 여 653명), 870세대가 거주한다.

섬 중앙의 우학리는 남면의 행정 중심지로 면사무소가 있으며, 토지 이용은 논 1.14㎢, 밭 7.37㎢, 임야 13.66㎢로 구성되어 있다.

농업과 어업이 조화를 이루며, 고구마·보리·콩·마늘 등이 생산되고 바다에서는 멸치·장어·삼치·미역 등이 잡힌다. 미역과 김 양식이 활발하며, 이 일대는 우리나라 최대의 감성돔 산란지로도 유명하다.

금오도의 산세는 장엄하다. 대부산 정상에 칼이봉(해발 272m), 옥녀봉, 그리고 남쪽의 망산(해발 344m)이 중심을 이루며 섬 전체가 마치 거북이 바다로 향해 나아가는 형상이다.

기암절벽과 절경이 이어지는 금오도의 해안길은 여수 10경 중 하나인 '비렁길'로 불린다. '비렁'은 절벽을 뜻하는 여수 사투리로, 총 5개 코스로 구성된 해안 트레킹 코스가 전국적으로 사랑받고 있다.

남쪽 안도와는 안도대교로 이어져 있어 섬과 섬이 바다 위에서 손을 잡고 있다. 금오도의 역사는 오랜 세월을 품고 있다. 조선 초기 1396년에는 돌산현 군천면의 전라좌도수

군절도사 관할이었으며, 이후 전라도 순천부, 전라좌수영의 지휘 아래 있었다.

'난중일기'에는 금오도에 몰래 들어와 살던 이가 처벌된 기록이 있는데, 당시 금오도는 봉산(封山), 즉 나무 벌목이 금지된 지역으로 일반인의 거주가 제한되어 있었다.

1885년, 귀양살이 중이던 이주회의 주청으로 허민령이 반포되며 비로소 사람들이 이곳에 정착할 수 있었다. 1896년 돌산군 금오면으로 출발해 1914년 여수군 남면으로 편입되었고, 1998년 여수시·여천시·여천군이 통합되며 지금의 여수시 남면으로 불리게 되었다.

금오도에는 아름다운 전설이 남아 있다. 예로부터 선녀 네 명이 이곳에 내려와 놀다가, 한 명의 옥녀가 하늘로 오르지 못하고 인간과 인연을 맺어 우학리에 살았다는 이야기다. 그녀가 베를 짜던 마을이 '직포', 누에를 치던 곳이 '모하', 누에와 곡식을 교환하던 포구가 '두포', 그리고 아홉 골짜기의 절경이 '함구미'라 불린다. 이 섬의 이름과 마을마다의 지명에는 모두 그런 이야기가 숨어 있다.

남해의 보석이라 불리는 금오도의 바다는 언제나 고요하고, 하늘빛이 투명하다. 용의 머리를 닮은 용두리, 밀물과 썰물에 따라 바다가 드러나는 용두암 해저 동굴, 그리고 함구미 해변의 곡선미는 이 섬이 '다도해해상국립공원'이라 불리는 이유를 보여준다.

기암절벽과 숲길, 그리고 비렁길을 걷다 보면 시간이 천천히 흐르고 바람의 결이 손끝에 닿는다.

낚시꾼에게는 천국이요, 여행자에게는 '느림의 미학'을 배우는 곳이다. 육지에서 금오도로 가는 길은 세 갈래다. 여수연안여객선터미널, 돌산 신기항, 그리고 화정면 백야도항에서 출발하는 배편이 있다. 현재 금오도와 안도 사이에는 안도대교가 놓여 있으며, 차량도선과 여객선이 매일 운항한다.

배가 닿는 포구마다 사람들의 하루가 있고, 바다 위로는 여전히 하얀 갈매기들이 길을 안내한다. 남해의 중심, 금빛 자라의 섬 금오도는 지금도 천천히, 바다의 품 안에서 자신의 시간을 살아가고 있다.

금오도

열도에 큰 섬 하나,
황금 거북 금오도,
바다 위에 길게 누워 있다.

햇살이 비추는 비렁길,
절벽 아래 물빛은 맑고,
바람은 파도를 따라 흐른다.

굽은 길마다
사람의 시간이 머물고,
파도는 조용히 이야기를 남긴다.

노을이 바다를 덮을 때,
섬은 고요히 빛을 품고,
어선 한 척, 내일을 향해 나아간다.

화태도

옛날에는 횟대섬이라 불리던 전라남도 여수시 남면 화태리에 자리한 섬, 화태도(禾太島). 임진왜란 때 이순신 장군이 돌산도에 진을 치고 있을 무렵, 섬이 스스로 울어 왜적의 침입을 알렸다는 데서 비롯된 이름이다. 마을 뒷산이 군량미를 쌓아놓은 노적가리처럼 보여 '벼이삭 수(穗)'자를 써 수태도(穗太島)라 불리기도 했다. 지금은 같은 뜻의 '벼 화(禾)'자를 써 화태도(禾太島)라 한다. 이름부터 곡식과 풍요의 기운을 품은 섬이다.

금오도에서 북쪽으로 11.5㎞, 돌산도에서 남서쪽으로 2㎞ 떨어진 곳에 있으며, 면적 2.17㎢, 해안선 길이 17㎞.2024년 기준 289명(남 148명, 여 141명), 169세대가 살고 있다. 섬 중앙의 화태마을과 남동쪽 월전마을에 사람들이 모여 살며, 북쪽과 남쪽은 완만한 구릉으로, 중앙에는 평야가 넓게 펼쳐져 있다. 섬 안쪽 만입부는 방조제로 막아 논밭으로 쓰고, 바깥쪽 해안은 암석으로 단단히 둘러싸여 있다. 조선 중기에는 이곳이 기마 목장으로 지정되어 말을 사육하던 곳이었으며, 지금도 '마족(馬足)'이라는 지명이 그 흔적을 간직한다.

현재의 주민들은 대부분 농업과 어업을 함께 한다. 섬에서는 매년 음력 대보름이면 산신제를 지내며 한 해의 풍어와 안녕을 빌기도 한다. 섬을 둘러보면 두라도, 월호도, 송도, 자봉도 등이 마치 구슬처럼 둘러서 있다. 물결이 잔잔한 날에는 섬과 섬 사이로 은빛 길이 이어지고, 갈매기 울음이 길 위를 따라 날아간다. 오래된 돌담 너머로 고구마 덩굴이 흐드러지고, 해질 무렵이면 밭 위에 노을이 내려앉는다. 바람은 늘 부드럽고, 바다는 언제나 푸르다.

한때는 오직 배로만 닿을 수 있는 섬이었지만, 2015년 12월, 화태대교가 개통되면서섬은 육지와 손을 맞잡았다. 주탑 높이 130m, 총길이 1,345m의 거대한 다리로 여수와 고홍을 잇는 11개 교량 중 마지막 구간이다. 이제 차를 타고 달리면 바다 위로 아스라한 해풍이 스쳐가고, 섬의 풍경이 유리처럼 반짝인다.

다가오는 2028년, 백야~화태 구간이 완공되면 여수의 동서 섬들을 잇는 긴 해상 드라이브 코스가 열린다. 그 길 위에서 운전대를 잡으면 한쪽에는 바다, 한쪽에는 들판, 그리고 그 사이에 화태도의 시간이 흐른다.

볕이 익은 섬, 바람이 느리게 걷는 섬, 그 이름처럼 화태도는 오늘도 벼이삭처럼 고개를 숙이고, 고요히 사람을 품는다.

화태도

바람이 쉬어가는 섬,
파도와 사람의 손길이
같은 리듬으로 살아간다.

가두리 위 갈매기 한 마리,
노을이 바다에 스며들면
섬은 천천히 기지개를 펴고.

돌산과 이어진 다리 위로
저녁빛이 건너올 때,
화태도는 오늘도 따뜻하다.

대횡간도

다도해해상국립공원에 속한 대횡간도는 전라남도 여수시 남면 횡간리에 자리한 조용한 섬이다. 면적은 3.4㎢, 해안선 길이 4.8㎞로, 2024년 12월 기준 61가구 100명의 주민이 살고 있다. 돌산읍에서 남쪽으로 1.5㎞, 화태도에서 남동쪽으로 0.8㎞ 떨어져 있으며, 금오도에서는 북동쪽으로 약 12㎞ 지점이다. 남쪽의 소횡간도와 함께 '횡간도'라 불리는데, 섬의 지형이 비스듬하다 하여 '빗깐이섬'이라 부른 데서 이름이 유래했다.

조선시대 이곳은 말을 사육하던 목장지(牧場地)였다. 그 흔적은 지금도 마을의 이름과 제의(祭儀) 속에 남아 있다. 예전엔 말을 기르며 군마의 안녕을 비는 당제와, 관우를 모시는 관왕묘 제사가 매년 열렸다. 여수 지역에서 유일하게 남은 관왕묘가 지금도 이곳에 있다.

섬 한가운데에는 높이 91m의 요망산이 있다. 완만한 경사지가 섬 전체를 감싸고, 남쪽과 동쪽은 바위 절벽, 북쪽은 모래와 갯벌이 어우러진 해안이다. 해풍을 견디며 자라는 곰솔 군락과 붉게 피는 동백나무, 그리고 300년 넘은 후박나무와 느티나무는 섬의 역사를 고스란히 품고 있다.

주민들은 농사와 어업을 겸한다. 밭에서는 고구마와 감자가 자라고, 바다에서는 멸치와 새우, 장어가 잡힌다. 멸치는 대횡간도의 대표 특산물로, 봄이면 멸치잡이 배들이 섬 앞바다를 빛으로 물들인다.

요망산 북서쪽 해안가에는 횡간마을이 있다. 이곳은 오래전부터 사람들이 모여 살던 자리로, 패총이 발견되며 오랜 생활 흔적을 보여준다. 북동쪽 해안에는 조선시대 관리들이 휴식을 취하던 놀이청이 있었다고 전해진다. 한때는 어린이들의 웃음이 가득했던 화태초등학교 여동분교장이 있었지만, 학생 수가 줄어 2015년에 문을 닫았다. 지금은 바람과 파도가 교과서처럼 섬의 하루를 가르친다.

돌산 군내항에서 출발하는 여객선이 매일 이곳을 찾는다. 배를 타고 다가갈수록 바다는 잔잔해지고, 섬은 점점 가까워진다. 대횡간도는 오래 머물지 않아도 마음에 남는 섬, 바람이 말을 키우고, 사람의 시간을 천천히 길들이는 곳이다.

대횡간도

금오산 아래, 바람이 머무는 빗깐이섬.
새벽 물길 위로 갈매기 한 마리,
부표에 매달린 삶의 노래가
파도에 스며 반짝인다.

노을이 바다를 물들이면
배 한 척, 천천히 닻을 내리고
섬은 말없이 바다를 품은 채
하루의 끝을 지켜본다.

소횡간도

소횡간도는 전라남도 여수시 남면에 자리한 작은 섬이다. 대횡간도에서 동남쪽으로 1.3km 떨어진, 파란 물결 위에 살포시 떠 있는 이 섬은 한눈에 다 들어올 만큼 아담하지만, 그 속에는 남도의 바다 냄새와 삶의 이야기가 짙게 배어 있다.

섬의 이름에는 두 가지 유래가 전해온다. 하나는 돌산 신복리의 '복병끝' 지명에서 비롯된 것으로, 풍수지리상 바람길을 비껴 간다 하여 '빗길 횡간(橫干)'이라 불렀다는 설. 또 하나는 임진왜란 때 왜병들이 쏜 화살이 이 섬에 막혀 빗겨 나갔다 하여 '횡간이'라 불렸다는 이야기다. 이름 속에도 바다의 역사와 사람들의 지혜가 깃들어 있다.

섬에는 약 1630년 무렵, 대횡간도에서 진주 강씨와 달성 서씨 후손들이 건너와 정착하며 삶의 터전을 일궜다고 전해진다. 면적 0.08㎢, 해안선 길이 2.78km 남짓한 섬에는 2024년 12월 기준 8가구, 11명의 주민이 살고 있다. 작은 섬이지만, 그 안에는 바다와 함께 살아온 세월이 고스란히 흐른다.

소횡간도의 마을은 오른쪽 낮은 표고 아래 해변에 자리하고, 그 꼭짓점에는 55m 높이의 철탑이 우뚝 서 있다. 섬 입구 왼편에는 오래전 문을 닫은 분교의 흔적이 남아 있다.

이 작은 섬은 예전엔 '돈섬'이라 불릴 만큼 부유했다. 미역과 홍합, 멸치가 풍성해 여느 섬보다 수확이 많았기 때문이다. 갯가 바위에 불을 지펴 달군 돌 위에 홍합을 부어 입을 벌린 알맹이를 말려 팔던 풍경은, 지금은 사라졌지만 섬 사람들의 땀 냄새와 바닷바람이 함께하던 시절을 기억하게 한다.

다만 섬에는 물이 나지 않아 한때는 물 한 통을 얻기 위해 사나흘에 한 번씩 큰 섬으로 나가야 했다. 그 고생 끝에 비로소 작은 샘을 찾아 식수 걱정이 덜어졌지만, 풍요의 상징이던 미역과 홍합의 수확은 세월과 함께 줄어들었다. 지금은 멸치와 돌문어잡이가 섬의 주된 생계다.

낭장망 어장이 설치된 바다에서는 음력 보름과 그믐 무렵이면 빠른 조류에 밀려 떼지어 드는 멸치가 그물에 가득 잡힌다. 이 멸치는 마을 앞 건조장에서 햇볕에 말려 '횡간도 멸치'라 불리는 고급 식품으로 팔려나간다. 햇살에 반짝이는 멸치줄과 파도소리가 어우러지는 풍경은 그 자체로 하나의 시다.

마을 뒤편 언덕에 오르면 다도해의 수많은 섬들이 펼쳐진다. 바람이 불면 멀리 돌산과 금오도가 손에 잡힐 듯 가까이 다가오고, 해질 무렵이면 붉은 석양이 철탑 너머로 떨어지며 바다를 금빛으로 물들인다. 이곳에 서면, 세상 끝이 아니라 새로운 시작처럼 느껴진다.

지금의 소횡간도는 조용하지만, 살아 있는 섬이다. 멸치의 비늘처럼 반짝이는 바다, 분교의 칠판에 남은 희미한 글씨, 갯바람에 흔들리는 빈집의 사립문까지모든 것이 시간의 흔적이자 사람의 이야기다.

돌산 군내리항에서 도선을 타면 매일 이 섬으로 갈 수 있다. 잠시의 뱃길이지만, 그 끝에서 만나는 바다는 오래도록 마음에 남는다.

소횡간도

바다 끝에 작은 섬 하나
철탑 아래 바람이 잠들고
빈 교실의 칠판엔
지워지지 않은 파도 소리

물 한 통에 하루가 담기고
멸치 그물에 달빛이 걸린다
작은 섬 안에서
바람도 햇살도 나의 벗이 된다

대두라도

모양이 콩처럼 생겼다 하여 '대두(大豆)'라 불리고, 한자식 이름으로는 '대두라도(大豆羅島)'라 하는 전라남도 여수시 남면에 자리한 섬 대두라도. 돌산에서 약 4km 떨어져 있으며, 인근의 나발도와는 불과 0.3km 거리, 금오도와 소두라도가 마주 보인다. 면적 1.01㎢, 해안선 7.6km 남짓한 이 섬에는 2024년 12월 기준 73세대 131명이 살고 있다.

예전엔 여수에서 출발한 창영호를 타고 이 섬에 닿기까지 세 시간이나 걸렸다. 그 배 안에서는 서로 모르는 섬사람들도 인사를 나누고, 짐보다 정이 먼저 오갔다. 지금은 직항로가 열려 시간은 짧아졌지만, 그 느린 뱃길의 정취는 여전히 섬의 기억 속에 남아 있다.

대두라도 선착장에 닿으면, 활기찬 가두리 양식장이 눈에 들어온다. 바닷바람에 비릿한 생명의 냄새가 섞여 있었고, 갓 잡은 고기들이 은빛으로 반짝인다. 마을은 완만한 산을 등지고 바다를 마주한 채 길게 펼쳐져 있다. 산동네를 이루는 집들은 층층의 돌담 위에 세워졌고, 개량 지붕 너머로는 남해의 햇살이 반사되어 번쩍인다.

봉통마을 정상에는 1938년 세워진 하얀 두라도 교회가 자리하고 있는데 대리석 외벽이 햇빛을 받아 반짝이며, 멀리서 보면 마치 섬을 지키는 등대와 같다. 포구에서 교회까지 이어지는 S자형 길을 따라 걸으면, 바람은 염분 냄새 대신 평화를 전해준다.

한때 이 마을은 경사가 급해 노인들이 살기 어려운 곳이라 불렸지만, 지금은 다시 섬의 품으로 사람들이 돌아오고 있다. 해안선 아래로 내려가면 멸치를 말리는 마당과 작은 가공창고들이 늘어서 있고 그곳에서 나는 냄새와 웃음소리가 이 섬의 하루를 밝힌다.

섬 전체는 높이 140m 남짓의 구릉으로 이루어져 있다.

그 위에서 바라보면 소두라도·나발도·화태도·월호도가 다도해의 보석처럼 빛난다. 그래서 이 일대는 다도해해상국립공원으로 지정되었다.

1670년경 달성 서씨가 들어와 정착한 이래, 섬은 농사와 어업을 함께 해왔다. 지금도 감자, 고구마, 보리, 무 같은 작물이 자라고, 해안에서는 멸치와 갈치, 낙지가 잡힌다. 김과 홍합, 전복도 이 바다의 선물이다. 돌산 군내리항에서 출발한 한려페리 3호는 월호도와 화태도, 나발도를 거쳐 이곳 대두라도에 정박한다. 배가 섬에 닿는 순간, 바다는 잠시 숨을 고르고, 콩처럼 단단하고 따뜻한 섬 하나가 그 앞에 펼쳐진다.

대두라도

콩처럼 작은 섬
바람도 살며시 쉬어가고
햇살이 마음에 스민다

돌담 따라 걷는 길
누군가의 하루가
조용히 피어 있다

저녁이면 바다 위로
종소리 하나 떠올라
섬이 마음이 된다

소두라도

소두라도는 전라남도 여수시 남면, 금오열도에 속한 작은 섬이다. 콩처럼 작고 둥글다 하여 '소두도', 혹은 '소두라도'라 불린다. 동쪽엔 소횡간도, 서쪽 1km 거리엔 대두라도가, 남쪽엔 금오도, 북쪽엔 화태도와 대횡간도가 둘러 있다.

1660년경 전주 이씨가 처음 들어와 40여 년을 살았고, 1700년 무렵 김해 김씨가 다시 들어오며 마을이 형성되었다. 지금은 8가구, 12명의 주민이 이 섬을 지키고 있다.돌산

신기항에서 금오도 여천항을 오가는 여객선이 수시로 지나가지만, 그 바로 앞에 있는 소두라도에는 정기선이 서지 않는다. 사람들은 금오도로 나가서야 육지로 갈 수 있다. 바로 앞에서 수없이 오르내리는 배를 바라보며, 섬은 말없이 하루를 보낸다.

바다 건너 금오도는 사람들로 붐비지만, 이곳은 파도와 바람이 주인인 섬이다. 등대호를 타고 들어가면 온통 바다, 그리고 섬이다. 오른편에 대두라도를 두고 천천히 달리다 보면, 그늘진 파도 위로 낚싯줄이 반짝인다.

소두라도 선착장 근처의 '오지바위'는 여수 낚시꾼들에게는 전설 같은 곳이다. 그곳을 차지한 이들은 다른 이가 들어오지 못하게 전화로 자리를 지킨다. 그만큼 물고기가 잘 드는 명당이다. 포구로 돌아오면 반원형 방파제가 조용히 바다를 감싸고, 그 안에는 고작 한 척의 배가 흔들리며 낮은 숨소리를 낸다. 마을은 바다를 등지고, 돌담으로 겹겹이 세워져 있다.

태풍이 잦은 섬이라 바람을 막기 위해 집들은 담장에 둘러싸여 있고, 길모퉁이에는 하얀 소두라교회가 언덕 위에 조용히 서 있다. 지금은 예배당보다 기억의 장소로 남은 그곳엔 누군가 심어둔 꽃 몇 송이가 여전히 바람에 흔들린다. 소두라도는 여수시로부터 오랫동안 잊혀 왔지만, 낚시꾼과

몇몇 주민들에게는 세상 어느 곳보다 따뜻한 섬이다.

노인 김인조(84) 부부가 멸치어장과 가두리 양식장을 지키고 있다. 젊은 세대가 다시 들어와 그 일을 잇고 있어, 소두라도는 아직 완전히 '무인도'가 되지 않았다. 군내리 선창에서 나오는 작은 도선이 매일 섬과 육지를 오가고 배가 물살을 가르고 포구에 닿을 때면, 짧은 방파제 위로 파도가 흩어져 그 순간 섬은 다시 살아난다.

소두라도

남해안 열도 속 콩 같은 섬,
동쪽엔 소횡간도, 서쪽엔 대두라도,
남쪽 금오도, 북쪽 대횡간도
바람 따라 사방에서 섬들이 모여든다.

여객선 창영호에 짐을 싣고
정情을 나누던 옛 섬사람들,
이젠 다 뭍으로 떠나고
어장엔 갈매기 한 마리 꿈처럼 난다.

해 질 녘 빛을 머금은 물결,
파도에 몸을 기대어
그리움이라는 조각배 하나
조용히 기다리고 있다.

나발도(두라리)

여수 돌산에서 남쪽으로 2킬로미터 남짓, 바다 위에 나팔처럼 생긴 작은 섬이 하나 있다. 이름도 그래서 나발도. 바람이 불면 섬이 먼저 소리를 낸다. 낮은 언덕과 바다가 맞닿은 곳, 그 위에 사람 몇이 살고, 파도는 여전히 이 섬의 벽을 두드린다.

섬은 작다. 해안을 따라 천천히 걸으면 한 시간도 걸리지 않는다. 하지만 그 안에서 사는 사람들의 하루는 바다만큼 깊고 길다.

나발도의 흙은 붉다. 햇살이 비치면 사람의 볼도, 지붕의 기왓장도 함께 붉게 물든다. 그 흙에서 자란 고구마는 단단하고 달다. "바람 맛이 나는 고구마"라고 섬사람들은 말한다. 바람이 거센 날이면 파도 소리에 말을 잃고, 잔잔한 날이면 멀리 대두라도와 소두라도가 눈에 들어온다.

낚시꾼들은 겨울이면 이 섬을 찾아온다. 감성돔이 잘 낚인다고, 파도보다 마음이 먼저 뛰는 곳이라 한다. 마을 담벼락에 걸린 감성돔이 햇빛에 반짝이면, 지나가는 관광객들도 발길을 멈춘다. 바다는 늘 풍요롭지만, 한순간에 표정을 바꾸기도 한다. 그래서 이곳 사람들은 매일 바다를 바라본다. 오늘의 물빛이 어떤지, 바람이 어느 쪽에서 부는지, 그 모든 것을 삶처럼 받아들이며 묵묵히 하루를 산다..

나발도의 집들은 바람을 등지고 서 있다. 돌담은 높고, 지붕은 낮다. 태풍이 오면 바람은 마을을 통과하지만, 사람들은 서로의 집을 붙잡고 버틴다. 그렇게 오래된 시간이 쌓여 이 섬이 만들어졌다. 지금은 많은 집이 비었지만, 빈 마당에도 미역 냄새와 웃음소리가 아직 남아 있다.

돌산 군내리에서 하루 다섯 번 여객선이 온다. 큰 배도 아니고, 화려한 항구도 아니다. 하지만 그 느린 배가 이 섬의 시간에 꼭 맞는다. 천천히 오고, 천천히 떠나며, 사람의 마음도 그렇게 머문다.

해 질 무렵, 바다는 붉게 물들고, 언덕 위에서는 누군가 고구마 줄기를 정리한다. 멀리서 보면 나팔처럼 생긴 섬 위로, 바람이 한 줄 소리를 낸다. 돌담에 기대면 바다 냄새가 스며들고 파도에 귀를 대면 섬의 소리가 들린다. 잠시라도 이곳에 와본다면, 나발도는 지금도 담담히 살아가는 섬임을 느낄 것이다.

나발도

열도에 찍힌 작은 점 하나
나팔 모양의 나발도
파도는 반짝이며 인사하고
갈매기는 햇살을 따라 오른다

고구마 넝쿨은 바람을 기억하고
손끝마다 햇살이 묻는다
해 질 무렵 낮은 빛이 깃들면
나발도의 하루가 이렇게 젖어간다

안도

전라남도 여수시 남면에 자리한 안도(安島)는 금오도 옆에 있는 작은 섬으로, 다도해해상국립공원에 속해 있다. 섬의 형태가 마치 기러기와 닮았다 하여 처음에는 '기러기 안(雁)' 자를 써 안도(雁島)라 불렀으나, 안쪽으로 배가 안전하게 머물 수 있는 천혜의 포구를 지닌 덕분에 지금의 이름 '안도(安島)', 즉 '편안한 섬'으로 불리게 되었다.

여수 남쪽 약 34km 해상에 위치한 안도는 북쪽으로 금오도, 남쪽으로 연도를 마주하고 있다. 한때 동도와 서도로 나뉘어 있었지만, 두 섬 사이를 잇던 수로의 남쪽 끝에 사주가 발달하면서 지금은 하나의 섬으로 이어졌다.

섬 중앙의 상산(207m)이 우뚝 솟아 있으며, 산세가 완만해 곳곳에서 남해의 절경을 조망할 수 있다. 섬의 면적은 약 3.96㎢, 해안선 길이는 29㎞에 이르고, 2024년 기준 208세대 318명이 조용히 살아가고 있다.

섬의 동쪽 해안에는 해식애가 발달해 장관을 이루며, 북동쪽의 백금만은 부드러운 모래사장이 펼쳐져 여름철 해수욕장으로 인기가 높다. 특히 백금포 해안의 안도 해수욕장은 하얀 모래와 맑은 바다가 어우러져 가족 단위 피서객에게 안성맞춤이다. 완만한 경사와 함께 화장실, 샤워장, 야영장 등 편의시설이 잘 갖추어져 있다. 다만 조수 간만의 차가 크고 수심이 2~3m로 비교적 깊어 어린이들은 보호자의 주의가 필요하다.

바다낚시 명소로도 손꼽히는 안도는 돔, 볼락, 우럭 등 다양한 어종이 풍부해 전국의 강태공들이 찾는다. 특히 이야포 몽돌밭과 상산동 해안 절벽 일대는 탁 트인 바다 풍경과 함께 훌륭한 낚시 포인트로 알려져 있다.

안도 주민들은 농업과 어업을 겸하며 살아간다. 주요 농산물은 고구마, 보리, 무, 시금치, 마늘, 쌀 등이 있고, 근해에서는 멸치, 갈치, 방어, 도미 등이 잡힌다. 김과 미역, 홍합 양식도 활발하다.

섬 서쪽의 서고지 마을은 어촌체험마을로 운영되며, 갯바위낚시·선상낚시·좌대낚시 등 다양한 체험 프로그램을 즐길 수 있다. 신석기시대의 토기 조각과 석기, 흑요석기 등이 발견된 유적지도 있어, 오래된 해양문화의 흔적을 엿볼 수 있다.

2010년, 주민들의 오랜 염원이었던 안도대교가 개통되면서 섬은 새로운 변화를 맞았다. 금오도와 연결되어 접근성이 크게 향상되었고, 이웃 금오도의 비렁길이 전국적인 명소로 떠오르면서 안도에도 여행객의 발길이 이어지고 있다.

봉수대가 남아 있는 상산 정상에 오르면 다도해의 섬들이 펼쳐지는 장관이 눈앞에 펼쳐진다. 여수 돌산 신기항에서 출발하는 정기 여객선이 하루 세 차례 운항하며, 금오도를 거쳐 자동차로 안도까지 이동할 수 있다.

조용하지만 생동감 넘치는 섬, 고요한 파도와 따뜻한 사람, 그리고 천혜의 자연이 어우러진 안도(安島). 남해의 진짜 아름다움을 느끼고 싶다면, 지금 바로 이 섬으로 떠나보자.

안도

기러기 닮은 열도,
밀려오는 파도는 밤새 말을 아끼고
바다의 물결은
잠든 마음을 부드럽게 어루만진다

금오도와 안도대교를 잇는 길 위로
파도는 모래를 빚고
별빛은 내려와
지붕 위에 누워 꿈을 꾼다

비렁길 갯바위의 이끼는
거센 바람에도 섬을 지키고,
푸른 하늘과 초록 능선은
서로의 눈빛으로 모든 것을 내려놓는다

뱃고동 울리면
작은 어선 한 척 수면을 가르며
오늘도 강태공의 마음을
고요히 품어 안는다

부도

전라남도 여수시 남면의 부도(釜島)는 안도 앞바다에 자리한 작은 섬으로, 다도해해상국립공원에 속한다. 안도의 서구지마을 바로 앞에 위치한 두 개의 섬, 대부도(大釜島)와 무인도인 소부도(小釜島)를 통틀어 '부도'라 부른다.

섬의 모양이 가마솥을 엎어놓은 듯 생겨 '가마섬'이라 불리다가, 한자 표기로 '대부도(大釜島)'라 부르게 되었다. 면적은 0.16㎢, 해안선 길이는 약 3.2km이다.

2024년 12월 기준으로 10세대 14명(남 6명, 여 8명)이 거주하고 있다. 전해지는 이야기로는 1440년경 김해 김씨가 처음 정착했으며, 진주 하씨가 경남 하동에서 이주해 왔다고도 한다. 1860년 '경신대화재' 때 피난민들이 이곳으로 옮겨와 살기 시작했으며, 이후 김해 김씨와 밀양 박씨 등이 더해져 마을이 형성되었다.

대부도와 안도는 서로 마주하고 있어 가두리 양식장 설치에 최적의 입지를 갖는다. 또한 좁은 수로는 바람이 심할 때 선박의 피항지 역할을 하며, 안도 서구지항은 자연스럽게 어업전진기지로 발전하였다.

여객선을 타고 연도를 지나면 2010년에 완공된 금오도·안도 연도교를 통과하게 된다. 그 뒤로 곧 무인도 소부도가 보이고, 바로 옆에 사람이 사는 대부도가 자리한다. 금오도와 안도 사이에 놓인 섬으로, 안도 서구지와는 약 400m, 금오도 면소재지와는 6.5km 떨어져 있다.

과거에는 부도 주민들이 여수로 나가는 항로가 없어 큰 불편을 겪었다. 2008년부터는 주민 편의를 위해 '부도호' 도선이 안도 선착장까지 운항하게 되어, 2km 산길을 걸어 생필품을 사야 했던 고통이 해소되었다. 여수해경이 예산을 지원받아 부도호에 레이더와 조난 위치 자동발신장치 등을 설치하면서 안전성도 강화되었다. 이 덕분에 주민들은 산길을 40분 걸을 필요 없이 배편으로 바로 안도에 갈 수 있게 되었다.

서구지와 대부도는 가까운 이웃이지만 분위기는 사뭇 다르다. 서구지는 최근 도로가 개통되어 차량으로 안도대교를 건너 금오도 여천동 포구에서 차도선을 타면 곧 여수로 나갈 수 있다. 반면 대부도는 아직 나룻배를 이용해야 서구지에 닿을 수 있다. 그러나 주민들은 "예전보다는 훨씬 편해졌다"며 불편을 감내한다. 이 일대는 예로부터 멸치·갈치·도미 등이 많이 잡히는 여수 바다의 황금어장으로 알려져 있다.

배를 타고 대부도 포구에 들어서면, 한적한 어촌의 정취가 느껴진다. 넓지 않은 수로를 따라 소형어선들이 오가고, 물양장에는 각종 어구들이 놓여 있다. 포구에서 바라보는 마을 풍경은 '오래됨' 그 자체다. 건물과 시설이 낡아 있지만, 그 속에는 세월의 흔적이 고스란히 남아 있다. 폐교된 분교는 사유지로 바뀌어 섬의 현실을 보여준다.

대부도에는 무인등대가 서 있으며, 앞의 안도 등대와 함께 쌍등대를 이룬다. 두 섬이 한 어항을 이루는 셈이다. 어업전진기지가 설치된 안도 서구지마을과 마주 보며, 양식장 운영에도 이상적이다.

옛 분교 뒤편으로 들어가면 좁은 골목 끝에 마을 공동우물이 있다. '세면과 세탁을 금지한다'는 안내문이 붙어 있는데, 식수로 사용하는 우물이다. 여수시가 설치한 담수화 시설에서는 생활용수를 공급한다. 우물의 표석에는 '소화 7년

(1932)'이라 새겨져 있다. 포구 오른편에는 작은 부두가 하나 더 있고, 그 맞은편에 조그만 섬이 있다. 대부도와 소부도 사이에 있는 이 섬은 물이 빠지면 바닥이 드러나 육지로 이어지고, 밀물이 되면 다시 섬이 된다. 작은 바위섬에는 몇 그루의 소나무가 서 있고, 두루미들이 날개를 펴며 하늘로 오른다. 규모는 소부도의 절반 정도로 보인다.

갯바위에 앉아 안도대교를 바라보면, 큰 섬들은 변화와 발전을 모색하지만 작은 섬들은 여전히 고요 속에 머물러 있는 듯하다. 세월은 흘러도, 부도는 여전히 바다의 품 안에서 그 자리를 지키고 있다.

열도의 따뜻한 부도

가마솥 엎어 놓은 가마섬,
물 빠진 서구지 앞바다에
대·소부도 모세의 길 따라
아름다운 풍광이 장관이다.

역포섬 갈매기들,
쌍등대를 바라보며
어둠을 가르는 불빛 아래
바닷길을 밝힌다.

먼동이 트는 아침 햇살,
파도에 묻혀 붉게 물든 노을빛
건져 올린 흑 돌속에
삶의 추억이 비친다.

연도

여수 남쪽 바다를 바라보다 보면, 멀리 수평선 너머로 솔개 한 마리가 바람을 가르듯 떠 있는 섬이 보인다. 그곳이 바로 연도(鳶島)다. 옛날에는 '소리도(所里島)'라 불렸으나, 섬의 형상이 솔개처럼 생겼다 하여 솔개 연(鳶) 자를 붙였다고 한다. 이름부터 바람의 냄새가 느껴지는 섬이다.

돌산도에서 남쪽으로 13km, 파도와 바람을 따라가면 만날 수 있는 이 섬은 금오열도(金鰲列島)의 막내 같은 존재다. 남북으로 길게 뻗은 섬의 중앙에는 동쪽의 가량포(加良

浦)와 서쪽의 병포만(並浦灣)이 마주 서서 얇은 지협을 만들고, 북쪽 역포마을에서는 어선이 아침마다 고기잡이 그물을 손질한다.

바람이 부는 날이면 멀리서도 은빛 물결 위에 떠 있는 그들의 노랫소리가 들린다. 남쪽의 증봉(甑峰, 231m)에 오르면 섬 전체가 한눈에 들어온다. 암석해안과 해식애, 그리고 해상굴과 만작굴 같은 바닷굴이 섬을 감싸 안고 있다. 바위마다 이름이 있고, 그 이름마다 이야기가 있다.

섬사람들은 그것을 '연도 열두 가지 이야기'라 부른다. 파도에 깎인 바위틈에서 바람이 지나가며 내는 소리도, 오래된 설화처럼 마음에 남는다. 섬의 남단, 대룡단(大龍端)에는 하얀 소리도 등대가 서 있다. 밤이면 그 빛이 40km 밖 바다에서도 보인다 하니, 그곳에서 등대 불빛을 마주하는 순간, 마치 세상 끝에 서 있는 기분이 든다. 그리고 그 아래, 해녀들이 전복과 홍합을 따는 모습은 섬의 일상이자 예술이다. 바다와 함께 숨 쉬는 사람들, 그들의 손끝에서 '보물섬'이라는 별명이 만들어진다.

연도는 작지만 풍요로운 섬이다. 유자 향이 섬을 감싸고, 갈치젓의 짠내가 골목마다 배어 있다. 봄이면 동백나무가 불처럼 피어나고, 여름엔 파란 바다 위로 석양이 물든다. 가을엔 들녘에 참깨 냄새가 가득하고, 겨울이면 정월대보름

제례를 지내며 서로의 안녕을 빌어준다. 이 섬의 시간은 느리게 흐르고 더 깊게 스며든다.

2022년, 전라남도는 연도를 '가고 싶은 섬'으로 선정했다. 자동차도, 카페도 많지 않지만, 대신 파도와 바람과 사람의 이야기가 있다. 스마트폰을 내려놓고, 마음으로 풍경을 찍어보자. 여수항에서 출발한 배가 바다 위를 달리면, 파도가 흩뿌리는 소금 냄새 속에서 섬이 조금씩 가까워진다.

'머물고 싶은 마음의 자리' 솔개가 하늘을 맴도는 섬, 연도는 바다가 있고, 이야기와 사람, 그리고 아직 잃지 않은 이 곳만의 정취가 있다.

솔개의 섬

솔개는 보이지 않아도
하늘엔 바람이 머문다.
갈매기들이 햇살을 안고
파도 위를 스쳐 간다.

역포의 아침,
노인은 그물 속에
하루를 걷고
빛은 물결 위에 고요히 번진다.

노을이 물들면
여객선 뱃고동이 마음을 흔들고
바다는 사랑처럼
붉게 번진다.

절벽 아래 불빛이 하나둘 켜지면
바다는 다시 길이 되고
나는 그 길 끝,
가고 싶은 섬 연도를 떠올린다.

III 전라남도 여수시 삼산면

전라남도 여수시 남단, 제주로 가는 뱃길 한가운데에 자리한 바다의 고장, 삼산면(三山面). 그 이름에는 오래된 이야기가 있다. 거문도(巨文島)·초도(草島)·손죽도(巽竹島) 이 세 섬이 바다 위에 솟은 세 개의 산처럼 보인다 하여 삼산(三山)이라 불렸다 하고 또 다른 설에 따르면, 거문도의 고도(古島)·동도(東島)·서도(西島) 세 섬이 마치 한 산맥처럼 이어져 있어 '세 산의 고을'이라는 이름이 붙었다 한다. 삼산면은 현재 거문리, 덕촌리, 동도리, 서도리, 손죽리, 초도리 등 6개의 법정리로 이루어져 있다.

조선 태조 5년(1396년)에는 흥양현(지금의 고흥)에 속해 '삼도(三島)'라 불렸고, 1885년 영국 해군의 거문도 점령 사건(거문도 사건)을 계기로 '거문진(巨文鎭)'이 설치되며 군사적 요충지로 주목받았다. 이후 여러 행정 구역 개편을 거쳐 1998년, 여수시·여천시·여천군이 통합되면서 오늘의 여수시 삼산면으로 자리 잡았다.

삼산면은 여수와 제주도의 중간쯤, 남해 바다를 가르는 항로 위에 있다. 여수항이나 고흥 녹동항에서 제주로 향하는 여객선이 모두 이곳을 스쳐 지나간다. 지리상으로는 여수에 속하지만, 실제 생활권은 고흥과 가깝고, 육지보다 바다가 더 익숙한 사람들의 섬이다.

이 지역은 다도해해상국립공원에 속해 있으며, 거문도 동쪽 해역의 백도(白島)는 국가 명승지로 지정된 천혜의 비경이다. 상백도와 하백도는 일반인의 상륙이 제한된 생태계 보호구역으로, 희귀한 해조류와 해안 식물이 원형 그대로 보존되어 있다.

삼산면이 품고 있는 유인도는 거문도, 동도, 서도, 손죽도, 초도, 소거문도, 평도, 광도 등 8개 섬이며, 그 밖에 크고 작은 무인도 50여 개가 바다에 흩어져 있다.

삼산의 섬들은 대체로 해발 200~300m의 산지형 섬으로, 평야는 드물고 능선이 부드럽게 바다로 이어진다. 보리와 고구마를 심는 밭농사가 있고, 대부분의 주민은 어업에 종사한다. 맑은 물결 속에서 은빛 갈치와 고등어가 뛰놀고, 섬마다 포구에서는 어선들이 새벽을 깨우며 하루를 시작한다.

문화적으로도 이곳은 다도해의 중심이다. 전라남도 무형문화재 제1호 '거문도 뱃노래'가 지금도 전해지고, 손죽도의 이대원 사당과 영국군 묘지 등 근대사적 유산이 곳곳에 남아 있다. 거문도와 서도에는 해수욕장이 있고, 초도와 손죽도는 낚시와 풍광으로 유명하다. 2014년부터 운항된 초쾌속선 '하멜호' 덕분에 여수에서 거문도까지의 항로는 약 2시간으로 단축되어 섬 주민들의 생활 여건도 한결 나아졌다.

이곳의 바다는 수백 년 동안 어부들의 삶을 품어왔고, 그들의 노래와 전설이 파도에 실려 지금도 울려 퍼진다. 이 섬들에는 침략의 역사도, 교역의 흔적도, 그리고 이 바다를 지켜온 사람들의 땀과 희망도 함께 남아 있다. 그래서 삼산면의 섬들은 하나의 자연경관을 넘어, 역사와 전설, 사람의 삶이 어우러진 '살아 있는 바다의 문화유산'이라 불린다. 삼산의 섬들은 그렇게, 과거와 현재를 잇는 다리이자 미래 세대에게 물려줄 소중한 이야기의 땅이다.

거문도

전라남도 여수시 삼산면 거문도(巨文島)는 여수와 제주 사이, 남해 한가운데 자리 잡은 섬이다. 세 개의 섬 고도(古島), 서도(西島), 동도(東島) 가 바다 위에 서로 기대어 떠 있어, 한때 사람들은 이곳을 삼도(三島), 혹은 삼산도(三山島)라 불렀다.

이후 학문이 뛰어난 섬 주민들을 보고 청나라 제독이 "문장이 큰 섬"이라는 뜻의 거문(巨文)이라 이름 짓게 되었다는 이야기도 전해진다. 이름처럼, 거문도는 바다 속에 오래된 문장을 품은 섬이다.

세 섬의 총면적은 11.087㎢, 해안선 길이는 43km에 이른다. 그중 서도가 가장 크고(6.975㎢), 동도(3.607㎢)와 고도(0.505㎢)가 그 곁을 이룬다. 2024년 12월 기준 836가구, 인구 1,314명이 살고 있으며, 사람들은 바다와 더불어 살아가며 오늘도 그물과 파도 소리로 하루를 연다.

거문도는 예로부터 동아시아 해로의 요충지였다. 중국과 러시아가 이용하던 항로의 중심에 위치해, 태평양으로 나가는 바다의 관문으로 손꼽힌다. 이 섬은 1885년 영국 해군이 불법 점령한 거문도 사건으로 역사에 한 페이지를 함께 한다. 당시 영국군은 사람이 살지 않던 고도에 주둔하며 요새를 구축했고, 그 흔적은 지금도 거문초등학교 뒤편 묘지와 고도 중턱의 옛 주둔지 터로 남아 있다. 영국군이 떠난 뒤, 일본인과 조선인들이 함께 고도에 마을을 이루며 오늘의 거문도가 형성되었다.

지명 '고도(古島)'는 원래 '외로운 섬(孤島)'에서 비롯되었다가, 세월이 흐르며 '옛 섬(古島)'으로 바뀌었다는 설도 전한다. 1923년 거문도항이 개항하며 어항으로 발전했고, 1930년대에는 하루 수백 척의 배가 오가던 남해의 대표 항구가 되었다. 이후 1966년 어업 전진기지, 1970년 연안항으로 지정되며 거문도는 남해 어업의 심장이자 바다의 관문으로 성장했다. 지금은 삼호교(1991)와 거문대교(2015)가 세 섬을 하나로 이어 섬 안에서도 버스로 오갈 수 있는 바다 위의 도시가 되었다.

거문도는 그 자체가 한 편의 문화사다. 전라남도 무형문화재 제1호 '거문도 뱃노래'가 지금도 울려 퍼지고, 조업 중 밧줄을 꼬며 부르던 '술빗소리'가 구전되어 내려온다.

섬 주민들은 매년 음력 섣달 그믐날, 노루섬 정상의 제각에서 조상들에게 제를 올리며 안전과 풍어를 기원하는 풍어제, 그리고 여름의 은빛갈치축제를 이어오고 있다.

이곳의 갈칫국, 전복죽, 멸치회무침은 여행객이 반드시 맛봐야 할 바다의 선물이다. 섬의 자연 또한 경이롭다. 거문도에서 유람선을 타면 천연기념물 흑비둘기가 서식하는 백도(白島)를 만날 수 있다. 하얀 절벽이 파도에 깎여 빚은 바위들은 마치 조각품처럼 신비롭고, 바다 위로 해가 지는 순간, 섬 전체가 붉은 금빛으로 물든다.

현재 거문도에는 면사무소, 지구대, 수협과 농협지소, 보건지소 등 섬살이에 필요한 기반시설이 잘 갖추어져 있으며, 거문초등학교와 거문중학교가 어린이들의 배움터 역할을 하고 있다. 숙박시설도 다양해, 여행객들은 하루쯤 머물며 섬의 밤바다를 온전히 느낄 수 있다. 여수항에서 아침 7

시 55분에 출항하는 초쾌속선 '하멜호'를 타면 약 2시간 만에 거문도항에 닿는다. 배가 항구로 들어설 때, 멀리 보이는 삼도(三島)의 윤곽은 마치 바다 위에 떠 있는 푸른 산맥 같다. 그곳엔 바다와 사람, 그리고 역사가 함께 숨 쉬고 있다.

다도해 해금강

남해의 끝, 물결이 길이 되고
길 끝에서 세 섬이 바다를 견딘다.
고도, 서도, 동도 세 이름,
오래전부터 바람을 안다.

안개가 내리면 섬은 고요하고,
파도는 밤새 말을 잇는다.
누군가는 그 속에서
섬이 스스로 그리는 그림자를 본다.

어둠 속 불빛 하나, 멀리 번지고
떠난 이들의 배를 부르면
빛은 바다의 길이 되어
돌아오는 시간을 비춘다.

바다가 흔들릴 때 갈치 떼 부서지고,
은빛 비늘이 파도에 흩어지니
그 물결에 얹힌 노래 하나,

만선의 기쁨이 되어 울린다.

거문도의 밤은 길고,
별빛은 조용히 머무르니
이 섬, 바다의 기록으로
오늘도 시간을 견딘다.

서도

여수시 삼산면의 서도는 거문도의 세 섬 가운데 가장 크고, 고도와 동도와 함께 남해의 끝자락에서 바다를 감싸 안고 있다.

예로부터 이 일대는 삼도(三島) 또는 삼산도(三山島)로 불렸으며, 숲이 짙어 멀리서 보면 섬이 검게 보여 '검은 섬'을 뜻하는 '거문(巨文)'이라 이름 붙여졌다는 설이 전해진다. 서도는 고도와 삼호교로 연결되어 하나의 생활권을 이루지만, 동도는 아직 다리로 이어지지 않았다. 면적은 6.975㎢, 해안선 길이는 약 20km이며 2024년 12월 기준 398가구, 603명이 살아간다. 음달산과 불탄봉, 수월산의 능선이 북서에서 남동으로 길게 뻗어 섬의 골격을 이루고, 고도가 있는 내만을 감싸며 바람과 파도를 막아주는 자연의 방파제가 되어 준다.

1905년 세워진 거문도등대는 우리나라 최초의 근대식 등대로, 지금도 하루도 쉬지 않고 남해의 밤을 밝히고 있다. 40km 밖에서도 보이는 불빛은 다도해의 눈이라 불리며, 백여 년이 넘는 세월 동안 수많은 어선과 여객선의 길잡이가 되어 왔다. 등대로 가는 길목에는 '무넹이(목넘이)'라 불리는 바위지형이 있다. 단층대를 따라 기반암이 오랜 세월 파도에 깎여 만들어진 파식대로, 밀물과 썰물에 따라 바다가 넘나드는 그 풍경은 신비롭고 아름답다.

서도의 북쪽 끝에는 1958년부터 불을 밝히고 있는 녹산등대가 있다. 무인으로 운용되는 이 등대는 손죽도, 초도, 장도 사이를 지나는 선박들에게 지금도 방향을 알려주며 외로운 빛을 지키고 있다. 서도에는 수월산의 동백숲길과 미사질 모래로 이루어진 유림해수욕장, 인어 전설이 전해지는 신지끼 인어상이 있다. 봄이면 동백꽃이 붉게 피어나 산길을 물들이고, 해질 무렵엔 바다가 잔잔히 반사된 붉은 빛으로 서도를 감싼다. 의병장 임병찬 선생의 비가 세워져 있어 나라를 지키려 했던 정신을 오늘에도 전하고 있다.

1887년 영국군이 거문도를 떠난 뒤 일본 어민들이 본격적으로 들어와 어업이 활기를 띠었고, 동도와 서도의 조선인들도 고도로 이주해 마을을 이루면서 오늘날의 거문리가 형성되었다.

19세기 말, 러시아의 남하를 견제하기 위해 영국 해군이 거문도를 불법 점령했던 '거문도 사건'은 이 섬의 역사적 전환점이었다. 당시 영국군은 거문도를 '포트 해밀턴(Port Hamilton)'이라 불렀고, 섬사람들은 이를 따 '해밀도'라고도 했다. 거문도는 홍콩처럼 해외 조차지가 될 수도 있었던 지정학적 요충지였으며, 그 흔적은 지금도 묘지와 옛 건물 터로 남아 있다.

서도에서 멀리 바라보면 쪽빛 바다 위로 백도가 떠 있다. '세 대가 덕을 쌓아야 볼 수 있다'는 전설을 지닌 이 섬은 상백도와 하백도를 포함한 39개의 무인도로 구성된 국가지정 명승이다. 태풍과 파도가 깎아 만든 기암괴석들이 햇살에 반짝이며 빚어내는 풍경은 다도해 해금강이라 불릴 만큼 장관이다.

오늘의 서도는 거문도대교와 하멜호의 항로로 육지와 이어졌지만, 여전히 오래된 바다의 기억 속에 살아 있다. 등대는 지금도 불을 밝히고, 파도는 섬을 감싸며 세월을 건넌다. 서도는 거문도의 심장이자, 바다의 시간을 품은 섬으로 남아 있다.

빛의 섬 서도

최남단 반도 끝, 다도해의 품에서
남빛 바다 위 거문등대가 아침을 연다.
별들이 모여 길을 비추고
삼호교와 거문대교가 삶을 잇는다.

북녘 끝 녹산등대, 고요히 서서
수많은 배들의 귀항을 지켜본다.
동백꽃 피는 언덕 위로 바람이 지나고
섬의 하루는 다시 빛으로 깨어난다.

동도

거문도의 세 섬 가운데 동도는 늘 해가 먼저 닿는 곳이다. 고도와 서도에서 다리를 건너면 바람의 방향이 달라지고, 파도는 잔잔해진다. 2015년 완공된 거문대교를 지나면 만나는 섬, 그곳이 바로 동도다.

섬의 남북으로 망양산과 망향산이 이어지며 능선은 매끈하게 뻗어 있고, 그 아래로 마을이 도내해를 따라 고요히 펼쳐져 있다. 섬의 서쪽은 완만하고 파랑이 잔잔해 어항이 발달했으며, 동쪽은 절벽과 암반이 많아 파도 소리가 유난히 깊다.

동도 앞바다는 갈치 어장이 형성되어 있고, 파도에 비친 은빛 물결이 늘 바쁘게 움직인다. 마을 어귀에는 작은 포구와 방파제가 있고, 수월산에서 이어진 오솔길을 따라가면 귤온당과 거문진 터가 나온다.

섬의 면적은 3.61㎢, 해안선은 11km 남짓이다. 동도는 한때 외교의 섬이었다. 이곳 거문진 터에서는 조선의 학자 김류와 러시아 함장이 말이 통하지 않아 붓으로 대화를 나누었다고 한다. 그 기록은 '해상기문(海上奇聞)'으로 남았고, 지금도 '귤온당'에는 김류 선생의 이름이 바람에 흔들린다. 바다는 나라의 경계였지만, 이 작은 섬에서는 글과 예의가 외교가 되었던 것이다.

섬의 사람들은 적지만, 삶은 단단하다. 삼치와 은갈치, 해풍 쑥이 나고, 안개가 잦은 날이면 섬은 온통 은빛으로 물든다. 축제가 열리면 불꽃이 바다에 비치고, 뱃노래가 골목 사이로 번져나간다. 아이들은 다리를 건너 학교에 가고, 부모들은 배를 타고 여수나 녹동으로 나간다. 배편은 하루 두세 번, 그마저도 바람이 세면 멈추지만, 사람들은 바다의 시간을 잘 안다.

동도는 가장 조용한 섬이지만, 그 고요함 속에 역사가 숨어 있다. 1885년, 영국군의 점령 당시 이 바다에도 군함의 깃발이 펄럭였고 포트 해밀턴이라 불리던 시절의 흔적이 여전히 남아 있다. 이제는 파도만이 그 이야기를 전한다. 새벽엔 어민의 발소리로 깨어나고, 낮엔 햇살이 귤온당 지붕에 내려앉으며, 저녁이면 다리 위로 불빛이 이어진다.

짧은 하루, 그러나 오래된 시간 속에 동도는 지금도 조용히 바다를 지켜보고 있다.

동도
바다위의 노래

거문대교 너머로 새벽이 번지고
뱃고동 소리 따라 파도가 밀려오니
남쪽 바다 끝은 아직 잠들지 않는다.

밤빛 하나 물결 위에 가만히 흔들리고
에메랄드 파도 속 갈치 떼가 스쳐 지나가며
저 멀리 별빛은 바다와 함께 숨쉰다.

손죽도

손죽도는 여수시 삼산면에 속한 섬으로, 여수에서 남쪽으로 약 74km, 거문리에서 북동쪽으로 28km 떨어져 있다. 다도해 해상국립공원의 한가운데에 자리 잡은 손죽도는 소거문도·평도·광도·말섬·안목섬 등 30여 개의 유무인도를 품은 손죽열도의 중심섬이다. 면적은 2.9㎢, 해안선은 11.6km이며, 2024년 12월 기준 129가구 190명이 이 섬에 산다.

섬의 이름은 슬픔에서 비롯되었다. 임진왜란 때 녹도만호 이대원 장군이 전사한 곳으로, “큰 인물을 잃었다” 하여 ‘손대도(損大島)’라 불렸고, 이후 발음이 부드럽게 변해 ‘손죽도(巽竹島)’가 되었다. 지금도 마을 어귀에는 2015년 세워진 장군의 동상이 항구를 바라보고 서 있으며, 이대원 장군의 충렬사는 돌담과 보호수 아래에 조용히 자리 잡고 있다. 바람에 스치는 대나무 잎사귀 소리마다 전쟁의 비극이 아니라, 용기와 충의의 기운이 깃든다.

손죽도는 오래전부터 사람들이 머물던 섬이다. 마을 입구에서 발견된 조개더미는 이곳에 선사시대부터 사람이 살았음을 알려주는 흔적이다. 약 400년 전 제주에서 이주한 고씨·부씨·양씨가 첫 마을을 이루었고, 왜구의 침입으로 사람들이 육지로 피신하기도 했다. 아직도 돌담은 남았고, 담벼락마다 이끼가 덮인 세월이 쌓였다.

선착장 앞 해변길을 따라가면 돌담이 이어지고, 넝쿨이 얽혀 있는 담장 사이로 바다가 드문드문 비친다. 마을의 모래사장은 200m 남짓하지만, 그 모래는 곱고 따뜻하다. 마을 안에는 작은 보건지소와 출장소, 우체국이 있고, 돌담길을 따라 오르다 보면 열녀각과 교회, 그리고 깃대봉이 나타난다. 깃대봉에 서면 손에 잡힐 듯 가까운 소거문도·평도·광도, 그리고 멀리 백도와 거문도, 초도가 푸르게 떠 있다.

산줄기는 양팔을 벌린 듯 마을을 감싸고, 끝자락의 쌍봉과 댄머리 봉우리는 마치 바다 위 낙타처럼 보인다.

한때 손죽도는 남해안의 어업 전진기지였다. 태풍이 몰려오면 수백 척의 어선이 이곳으로 피항했고, 항구는 밤새 불빛으로 가득 찼다. 그러나 2000년대 초 감척사업으로 어선 수가 줄면서 청년들이 육지로 나갔고, 손죽분교는 학생이 없어 문을 닫았다. 지금은 조용하지만, 그 돌담길 곳곳에 아이들의 웃음과 어부의 노랫소리가 여전히 남아 있다.

2017년, 손죽도는 '가고 싶은 섬'으로 선정되었다. 이후 '벼랑 둘레길'이 조성되어 1구간(선착장~지지미재), 2구간(지지미재~이대원 장군 묘~무장터), 3구간(무장터~삼각산~마을 입구)로 이어진다. 절벽 위 길을 걷다 보면, 파도가 부서지는 소리와 바람 냄새가 한데 섞여 온몸을 스치는데 그 길 위에서는 누구나 잠시 멈춰 서게 된다.

지금의 손죽도는 관광과 휴식의 섬으로 거듭나고 있다. 봄이면 파도 위로 안개가 피어나고, 여름이면 해변의 모래가 유리처럼 빛난다. 초쾌속 여객선 '하멜호'가 여수항과 나로도, 초도를 거쳐 이곳에 닿을 때면, 작은 선착장은 다시 한 번 소란스러워진다. 그러나 저녁이 되면 모든 소리가 잦아들고, 남은 건 파도와 돌담, 그리고 바람뿐이다. 그 조용한 저녁이 손죽도를 닮았다.

바람이 머무는 섬
손죽도

세찬 바람에 너울이 머물고
파도는 천천히, 아주 천천히
큰 열도의 마음을 쓸고 지나간다.

하늘과 바다가 맞닿은 곳,
태풍에도 이끼 낀 돌담은 남고
솔바람은 절벽 끝을 따라 돈다.

깃대봉에 올라 하늘빛을 베며
소거문도와 평도를 바라보다가
조용히 떠오르는 손죽도를 본다.

소거문도

소거문도는 이름부터 이야기로 시작된다. 섬의 형태가 거문도의 고도(古島)와 닮아 '작은 거문도'라는 뜻에서 소거문도라 불린다. 원래는 섬 모양이 톱날 같아 '톱 거(鋸)'를 써서 '거문도(鋸文島)'라 했는데, 이후 표기가 바뀌면서 '큰 거문(巨文)'이 되었고, 그 앞에 '작을 소(小)'가 붙어 오늘의 이름, 소거문도(小巨文島)가 되었다.

이 섬은 손죽도 바로 옆, 동쪽으로 1.4km 떨어진 작은 바다 위에 떠 있다. 삼산면 관내에서 가장 북쪽에 있어 '웃은 점'이라 불리며, 섬 한가운데 솟은 상산(328m)은 멀리서도 한눈에 들어온다.

일제강점기 시절 일본군 정찰기가 이 산에 충돌한 흔적이 지금도 남아 있고, 그 때문인지 산의 바위는 유난히 거칠고, 정상은 하늘에 더 가까운 느낌을 준다.

면적은 0.144㎢, 해안선 길이는 7.5km로 작지만, 섬은 놀라울 만큼 생동감이 있다. 크고 작은 산들이 많아 식수원이 풍부하고, 큰 산에서 흘러내린 돌들이 바닷가로 쌓이며 만든 애추(崖錐)가 섬의 허리를 감싼다.

해식애와 해안 동굴이 곳곳에 발달해, 파도가 치면 섬 전체가 하나의 거대한 악기처럼 울린다.

이곳은 난대림의 보고다. 동백나무와 후박나무, 구실잣밤나무가 뒤섞여 사계절 푸르고, 봄이면 동백꽃이 붉게 떨어져 바다에 길을 낸다. 토양은 신생대 제4기에 형성된 적색토로, 예로부터 '살아 있는 흙'이라 불렸다.

겨울 평균기온은 2.7℃, 여름은 23.6℃ 안팎으로, 사람이 살기에 온화한 기후를 지닌다. 섬 남쪽 바다 쪽으로 작은 마을이 자리 잡고 있고 17가구, 21명의 사람들이 모여 산다. 주로 마늘 농사와 전복·문어잡이로 생계를 잇는다.

파도가 세고 해류가 빠르지만, 그만큼 바다의 힘이 살아 있다. 손죽도에서 '섬사랑호'를 타고 하루 두 번만 드나드는 섬이지만 그 불편함이 오히려 이곳을 지켜주고 있다.

여수 연안여객선터미널에서 손죽도를 거쳐 오는 길, 배가 섬 가까이 다가오면 톱날처럼 울퉁불퉁한 해안선이 눈에 들어온다. 그 모습이 바로 이름의 유래다. 바다 위의 '톱섬' 소거문도는 작지만 이야기가 많은 섬이다.

섬 정상에 서면 북쪽으로는 광도와 평도가, 남쪽으로는 손죽도가 손에 잡힐 듯 가깝다. 새들이 바람을 타고 능선을 오르내리고, 파도는 동굴 사이로 부딪혀 메아리처럼 돌아온다. 작은 섬이지만, 그 속엔 수천 년의 바람과 시간이 깃들어 있다.

바람이 노래하는 섬
소거문도

톱날 같은 해안선이 바람을 붙잡고
작은 등대 불빛이 바다를 더듬으면
파도는 말없이 깨어난다.

돌담 위에 남은 그물 한 올,
햇살에 말라가는 물비늘의 냄새,
물새가 노을 끝을 스치며 돌아갈 때

바람의 노래가 섬을 감싸니
저녁 빛 아래,
섬은 천천히 숨을 고른다.

광도

사진 – 박근세 작가

여수시 삼산면 손죽리 바다 끝, 손죽도에서 남동쪽으로 17.6킬로미터를 더 가면 거센 바람에 깎인 바위섬 하나가 바다 위에 솟아 있다.

광도, 넓을 '광(廣)' 자를 쓰지만 섬은 작다. 해안선은 500미터, 면적은 0.75㎢에 불과하다. 섬 중앙의 최고봉은 243미터, 그 아래 완만한 지형을 광도 사람들은 '너풀이'라 불렀다. '넓은 곳'이라는 뜻의 너풀이는 한자로 '廣島'가 되었고,

그 이름은 지금도 섬의 뿌리처럼 남아 있다.

광도는 여수에서 85킬로미터 떨어진 오지의 섬이다. 손죽도에서 배를 타면 바다 길목 왼편에 바위산처럼 떠 있는 섬이 보인다. 삼산면에서도 가장 북쪽에 위치해 예로부터 '웃은 점'이라 불렸고, 거센 바람과 높은 파도로 유명하다. 사방이 기암절벽으로 둘러싸여 있어 파도는 섬을 휘감고, 바람은 이곳을 잠시도 놓아주지 않는다.

이 척박한 섬에도 사람들은 터를 잡았다. 1917년 무렵 첫 개척민이 입도하면서 마을이 생겼다. 그들은 섬 7부 능선쯤 되는 서쪽 사면에 삶터를 두고 고구마와 콩을 심으며, 인근 무인도에서 돌김과 미역을 채취했다. 전성기에는 30여 가구가 모여 살았고, 밥상에는 달래 김치, 배말 무침, 돌김과 생선이 올랐다.

모두 바다와 섬이 내어준 생명으로 하루를 채웠다. 그러나 세월이 흘러 어선이 감척되고, 젊은이들이 육지로 떠나자 광도는 공도(空島)가 되었다. 오랫동안 바람만이 지켜온 섬에는 최근 다시 사람들이 돌아와 살고 있다. 지금은 19가구, 30명 남짓이 남아 있으며, 전력은 태양광으로, 식수는 우물로 해결한다. 태풍이 오면 지붕이 날아가 버리고, 평상이 사라지는 일도 잦다. 그래서 사람들은 줄로 지붕을 감싸고, 끝에는 물통이나 돌덩이를 매달아둔다.

이 섬에서의 삶은 늘 바람과의 타협이다. 광도의 집들은 낡은 목조 가옥과 새로 지은 조립식 주택이 섞여 있다. 가파른 바윗길을 따라 낡은 모노레일을 타고 오르다 보면, 어느새 바다가 발아래 펼쳐진다.

맑은 날이면 거문도 뒤로 제주도가 희미하게 보이고, 석양이 질 무렵엔 소거문도와 손죽도 너머로 붉은 빛이 번진다.

광도는 '불편한 섬'이다. 전기도, 상수도도, 접안 시설도 완전하지 않다. 태풍이 스치면 선착장은 망가지고, 배 한 척을 끌어올릴 인양기조차 없다. 그럼에도 사람들은 이곳을 떠나지 않는다. 섬을 지키는 유일한 길이기 때문이다.

1990년대 중반까지는 음력 섣달그믐이면 섬 동쪽 직판에 제당을 세워 마을의 평안을 빌었으나, 지금은 제를 지내지 않는다. 한때 학생 수가 40여 명에 이를 만큼 북적였던 섬은 이제 빈집이 늘었지만, 불빛은 아직 꺼지지 않았다. 여수~거문도 항로를 따라 새로 투입된 '하멜호'가 나로도, 손죽도를 거쳐 손죽도항에 닿는다. 그곳에서 '섬사랑호'로 갈아타면 소거문도와 평도를 지나 마침내 광도에 닿는다.

하루 두 차례뿐인 도선, 파도와 바람이 허락할 때만 출항한다. 그 길 끝, 절벽 위에 선 작은 마을이 있다. 여전히 불편하지만, 세상의 가장 먼 곳에서 자신만의 시간을 지켜내는 섬 그곳이 바로 광도다.

광도

넓은 바다 위 점 하나
바람에 밀려
너풀이가 홀로 선다

돌담 위 그물망이 흔들리고
지붕은 돌덩이로 매달려
파도는 그마저도 품는다

어둠이 내리면
작은 어선이 불빛을 켜고
절벽 아래로 노래가 번진다

멀리서 들려오는 뱃고동 하나
누군가의 기다림처럼
섬이 조용히 고개를 든다

평도平島

여수항에서 남서쪽으로 83.7km, 손죽도에서 다시 10km를 더 나가면 바다 위에 낮고 평평한 섬 하나가 떠 있다. 그 이름은 평도(平島). 본래 석란이 많아 석란도(石蘭島)라 불렸으나, 섬 모양이 평평하다 하여 '평도'라 부르게 되었다.

이곳은 이름처럼 고요하다. 최고 높이 137m의 완만한 산 아래로 작은 마을이 붙어 있고, 안개가 자주 끼는 봄날이면 석란과 풍란이 섬 가득 피어난다.

300년 전 노씨와 허씨, 정씨가 처음 들어와 마을을 이루었고, 뒤이어 송씨·이씨·김씨·방씨 등이 들어왔다.

2024년 12월 현재 36가구, 50명(남 30명, 여 20명)이 살고 있으며 섬의 면적은 0.707㎢, 해안선 길이는 5.5km이다. 남쪽과 북쪽 해안은 둥글고 완만하며, 서쪽의 8자 모양 만입부가 있는 곳에 마을이 자리한다.

평도 사람들은 오래도록 풍어와 풍농을 기원하는 용왕제를 지냈다. 음력 11월 3일과 12월 30일이면 마을 전체가 모여 풍작을 빌고, 정월 대보름에는 혼령을 위로하는 헌신굿을 열었다. 멀리 육지에서 고기잡이를 하다 죽은 이방 어부들까지 불러 위로하는 넉넉한 마음의 제사였다.

그러나 세월이 흐르며 사람은 줄고, 제의는 사라졌다. 이제는 그날의 북소리 대신 바람만이 바다를 두드린다. 마을은 작고, 주민 대부분은 노인들이다.

섬 중앙의 평지는 밭뙈기로 남아 있으나, 잡풀이 무성하고 우물은 주인을 기다린다. 마을 동편 '물가'라 불리는 곳에는 암물과 수물이 한데 흘러나오며, 그 물을 '약물'이라 부른다. 옛날엔 쌀과 돈을 놓고 절을 한 뒤 그 물로 목욕하면 피부병과 종기가 낫는다는 전설이 전해진다. 지금도 마을 노인들은 그 이야기를 이어간다.

평도는 낚시꾼들의 섬이기도 하다. 비석바위, 시와여, 대청여, 앞여, 검등여 등 섬 주변 갯바위마다 낚싯배가 몰려든다. 가을과 겨울이면 문어, 갈치, 조기, 홍합이 풍성하고, 낚시꾼들은 "육지의 텃밭보다 낫다"고 웃는다.

여객선은 다니지 않는다. 손죽도에서 하루 두 번, '섬사랑호'가 소거문도와 평도, 광도를 거쳐 오간다. 석란이 피고, 바람이 머물며, 사람은 떠나도 섬은 그 향기로 바다를 기억한다.

평도

손죽열도 끝자락,
세찬 바람과 거센 파도 위에
석란과 풍란의 섬이 솟아 있다.

분홍빛 꽃잎이 바람에 젖고
하늘과 바다가 맞닿는 저녁,
평도의 노을은 붉게 번진다.

아침 햇살이 파도에 반사되어
강태공은 은빛 물결 속에
마음을 던진다.

솔숲 사이로 스며든 향기,
은은한 꽃내음이 섬 안을 감싸고
바위 위 새 한 마리, 연락선을 기다린다.

초도

여수에서 남서쪽으로 77킬로미터, 거문도에서 북쪽으로 18킬로미터 떨어진 초도는 남해의 한가운데, 손죽열도의 섬들이 병풍처럼 둘러선 길목에 자리한다. 네 개의 마을, 대동리·의성리·진막리·예미리가 일주도로로 이어지고, 길을 따라가다 보면 파도 소리가 발자국과 나란히 흐른다.

대동리 선착장은 운동장처럼 넓어, 이 섬의 여유로운 첫 인상을 전한다. 섬의 중심부에 솟은 상산봉(338.7m)은 초도의 등줄기와도 같다. 정상에서 바라보면 진막리와 목섬 사이 바다가 갈라지는 신비로운 장면이 펼쳐진다. 마치 모세의 기적처럼 사리 때면 길이 열리고, 그 길 끝엔 안목섬이 있다. 초도 사람들에게 안목섬은 오래된 보물창고다. 바닷길이 드러나면 멍게, 해삼, 전복, 소라를 캐는 손길이 이어지고, 이 갯것들이 섬의 밥상을 풍요롭게 채운다.

초도의 해변은 황금빛 모래로 반짝인다. 진막리의 정강해수욕장은 600미터의 자갈과 모래가 부드럽게 섞여 있고, 맑은 물과 잔잔한 파도는 가족 단위 여행객들의 발길을 붙든다. 섬의 이름이 잊혀질 만큼 고요한 밤이면 파도 소리만이 그 자리를 채운다. 초도는 오래전부터 바다를 지켜온 섬이다. 임진왜란 때 조선 수군이 진을 쳤던 진막마을은 그 역사를 품고 있으며, 바다를 진압한다는 뜻의 '진해정(鎭海亭)'이 오늘도 마을을 굽어본다.

1976년 초도는 남해의 작은 기적을 일궈냈다. 상산봉 계곡의 물로 수력발전소를 세워 스스로 전깃불을 밝혔다. 전등 두 개만 허락되던 시절, 밤마다 집마다 켜진 불빛은 섬사람들의 자부심이었다. 지금은 발전소가 사라지고 내연발전이 그 자리를 대신하지만, 그때의 빛은 기억 속에 여전히 살아 있다. 의성리의 공덕비와 은혜 갚은 팽나무 아래엔 이 섬의 뿌리가 새겨져 있다. "울릉도와 독도를 개척한 초도의 사람들, 나라를 지키려 싸운 의병의 섬." 돌에 새긴 문장은 단순한 기록이 아니라 초도의 자존심이다.

지금의 초도는 조용하지만 생생하다. 복지회관과 어민회관이 마을의 중심이 되었고, 모자바위에는 바다를 기다리다 바위가 된 어머니의 이야기가 전해진다. 여수항에서 아침 7시 40분에 출항한 배는 나로도와 손죽도를 거쳐 9시 20분쯤 초도의 대동리항에 닿는다. 하루 두 번 오가는 쾌속선이 섬의 숨통을 틔워주고, 고흥 녹동항에서도 하루 한 번 차도선이 섬을 지난다. 성산봉에 올라 바라보면 섬의 윤곽이 물결처럼 부드럽다. 바다 위의 길목, 초도는 여전히 남해의 시작점에서 첫 빛을 맞이하고 있다.

초도

바람이 지붕 위를 스치며 지나가고
바다는 천천히 눈을 뜨는 아침,
새빛이 물결 위에서 흔들린다.

대동리 포구엔 묶여 있는 배 한 척,
파도는 말 한마디 없이 부서지고
갈매기 한 마리 낮은 하늘을 가른다.

사람들은 바다를 닮아 묵묵히 일어나고
하루의 무게를 조용히 견디며
등불 하나에 마음을 걸어둔다.

노을이 모자바위 곁에 머물면
섬은 저녁빛 속으로 가라앉고
멀리서 아직 돌아오지 않은 노래가 들려온다.

IV

전라남도 여수시 월호동

전라남도 여수시 월호동(月湖洞) 은 '신월동'의 '월(月)'과 '경호동'의 '호(湖)'를 따서 만든 이름이다. 구봉산(388m) 능선이 서쪽으로 뻗으며 흘러내린 물줄기가 가막만으로 스며들고, 남쪽으로는 푸른 바다가 시야 끝까지 펼쳐진다. 산과 바다, 그리고 도시가 함께 어우러진 여수의 대표적인 해양 주거지다.

본래 이 지역은 여수군 여수면과 돌산군 경호면으로 나뉘어 있었다.

1973년 7월 1일 행정구역 개편으로 여수시에 편입되며 경호동이 신설되었고, 1998년 여천군·여천시·여수시 통합 이후 경호동과 신월동이 합쳐져 오늘의 월호동이 되었다. 2000년대 초, 옛 여천시와 연결하는 신월로가 개통되면서 월호동 일대는 도시 중심지로 빠르게 성장했다. 가막만의 바다를 따라 형성된 도로는 여수의 도심과 해양 관광지를 잇는 주요 통로가 되었고, 인근 국동과 신월동 일대에는 대단위 아파트 단지가 들어서며 새로운 주거 밀집 지역으로 자리 잡았다.

월호동 앞바다에는 대경도·소경도·야도 세 개의 유인도와 13개의 무인도가 흩어져 있다. 이 섬들은 여수의 청정 해양 생태계를 대표하는 지역으로, 수려한 해안 절경과 함께 전통 어촌의 풍경을 그대로 간직하고 있다. 대경도는 가막만의 중심부에 있으며, 2016년에는 미래에셋증권의 대규모 투자로 월호동과 경호동을 잇는 연륙교(월호대교) 건설이 추진되었다. 이 연륙교가 완공되면 여수 본토와 섬 지역이 더욱 가깝게 연결되어 지역 발전의 새로운 전환점을 맞이할 전망이다.

섬으로 향하는 길은 지금도 이어진다. 대경도행 종선은 국동 선착장에서 승선하며, 소경도행 배편은 샘기미 선착장에서 출발한다. 이 세 섬은 바다 위에 떠 있는 듯한 풍경과 푸른 만(灣)이 어우러져, 여수의 '가까운 섬 여행지'로 손꼽히고 있다.

대경도

전라남도 여수시 월호동에 속한 대경도(大鏡島) 는 이름처럼 크고 고요한 섬이다. 1896년 돌산군이 신설될 당시에는 돌산군 경호면에 속했으며, 섬의 형상이 마치 바다 위를 유영하는 고래와 닮아 '고래 경(鯨)' 자를 써서 경도(鯨島)라 불렸다.

1910년 이후에는 주위 바다가 거울처럼 맑다 하여 '거울 경(鏡)' 자로 바뀌었고, 1914년 행정구역 통합 때 여수군 돌산면 경호리에 편입되었다. 이후 1949년 여천군에 속했다가 1973년에 여수시로 편입되면서, 오늘날에는 월호동의 품에 안겨 있다.

대경도는 여수항의 자연 방파제 구실을 하는 섬이다. 섬에는 오복마을, 내동마을, 외동마을 세 마을이 있고, 국동항에서 도선을 타면 단 5분이면 닿을 만큼 가깝다.

섬의 면적은 2.34㎢, 해안선 길이는 11.7km로, 2024년 기준 527명(남 269명, 여 258명)이 살고 있다. 바다를 사이에 두고 손짓하면 닿을 듯한 거리지만, 섬은 여전히 도시의 소음과는 다른 고요를 품고 있다.

섬 중앙에는 92m 높이의 완만한 구릉지가 있고, 남쪽을 제외한 해안은 만과 곶이 이어져 복잡하며, 북쪽 해안에는 갯벌이 넓게 펼쳐져 있다. 기후가 온화하고 비가 많아 농업과 어업이 모두 발달했다. 섬 주민들은 고구마, 보리, 콩, 쌀을 심으며, 당근·마늘·옥수수·참깨 같은 근교 농작물을 재배한다. 연근해에는 장어, 낙지, 멸치가 풍부하고, 굴과 바지락, 피조개 양식도 활발하다. 특히 갯장어는 대경도의 특산물로, 매년 여름이면 신선한 장어요리를 맛보려는 사람들이 일부러 섬을 찾는다.

문화유산으로는 대경도 조개더미 유적과 고인돌이 전해지며, 예전 외동마을의 당산나무 아래에서는 매년 풍어와 마을의 안녕을 기원하는 당제가 열리곤 했다. 비록 개발로 인해 당산나무는 사라졌지만, 섬의 사람들은 여전히 바다를 향해 두 손을 모은다.

2009년, 대경도는 '여수세계박람회 기념 및 사후활용 특별법'에 따라 해양관광단지로 지정되었다. 이후 리조트, 수영장, 해양공원, 공연장, 정박시설 등이 들어서며, 섬의 대부분이 골프장과 관광지로 탈바꿈했다. 특히 2016년에는 미래에셋그룹이 대규모 투자를 결정, 월호동과 경호동을 잇는 연륙교 건설(월호대교) 이 본격적으로 추진되었다. 이 다리가 완공되면 여수 도심에서 차로 섬까지 이동할 수 있게 된다.

오늘날의 대경도는 전통 어촌의 기억과 세계적인 해양관광지로서의 꿈이 공존하는 곳이다. 섬 끝의 등대는 여전히 밤바다를 비추고, 낮에는 바람결 속에서 골프장의 초록빛 잔디가 반짝인다. 바다 위에서 가장 가까운 도시, 그리고 도시와 가장 가까운 섬 그것이 바로 대경도다.

대경도

고래의 등에 바람이 머물고
섬은 조용히 물결을 껴안는다
가막만의 햇빛이 모여
거울처럼 반짝이는 이름이 되었다

오복마을의 길모퉁이,
갯장어 냄새가 바람을 따라 오르고
파도는 오래된 집 담장을 스친다

섬 끝의 등대는 아직 깨어 있고
새로 들어선 불빛이 파도를 적신다
달빛 아래 다리 한 줄기가 놓이며
섬과 육지는 다시 서로를 부른다

소경도

여수시 월호동 앞바다, 국동항에서 배로 10분. 도시의 소음이 멀어질 즈음, 바다 위에 작은 섬 하나가 모습을 드러낸다. 소경도(小鏡島), 이름처럼 '작은 거울의 섬'이다.

바다에 비친 하늘빛이 거울처럼 맑아 그렇게 불렸고, 또 어떤 이들은 "작은 고래가 바다에 누운 듯한 모습"이라 했다.

고려 시대부터 사람이 살았던 오랜 섬이다. 처음엔 고래 '경(鯨)'자를 썼으나, 일제강점기 이후에는 거울 '경(鏡)'으로 바뀌었다. 지금은 대경도, 가장도, 야도, 풍낙도, 노랑도와 함께 여수항 서쪽 바다를 막아주는 천연의 방파제 군락을 이룬다.

섬의 면적은 0.42㎢, 해안선은 3.5km 남짓으로 2024년 12월 기준으로 49세대, 86명(남 46명, 여 40명)이 살고 있다.

1914년 행정구역 통합 당시 대경도, 야도, 가장도와 함께 여수군 돌산면 경호리에 편입되었고, 1973년에는 여수시에, 1998년 삼려통합 이후에는 월호동 소속이 되었다.

작은 섬이지만, 행정의 변화마다 시대의 흔적이 남아 있다. 소경도의 마을은 섬 중앙의 완만한 산비탈을 따라 북쪽 해안 선착장 부근에 둥글게 모여 있다. 집들은 대부분 낮고 단단하며, 돌담과 좁은 골목길이 예전 여수 어촌의 모습을 그대로 간직하고 있다. 섬 중앙의 작은 교회를 지나 언덕으로 오르면 수백 년 된 당산나무가 마을을 지키고 있다. 이곳에서는 지금도 음력 섣달그믐마다 온 마을 사람들이 모여 풍농과 풍어를 비는 당산제를 지낸다. 아궁이에 불을 지피고 제물을 차리던 그 모습이 아직 남아 있다.

소경도는 여수에서 가장 가까운 바다 낚시 명소이기도 하다. 감성돔, 우럭, 노래미가 잘 잡혀 주말이면 강태공들의 낚싯대가 포구마다 줄지어 선다.

신월동 샘기미 선착장에서 '보안호'를 타면 잔잔한 바다를 건너 단 10분 만에 도착한다. 태풍을 제외하면 대부분의 날씨에도 운항이 가능해 사계절 내내 낚시꾼들의 발길이 끊이지 않는다. 한때 소경도에는 아이들의 웃음도 있었다. 경호초등학교 소경분교가 문을 열고 바닷가 모래밭에 운동회가 열리던 시절도 있었다. 하지만 소형어선 감척과 인구 감소로 2013년 3월 분교는 문을 닫았고, 지금은 교정 자리만 남아 있다.

그럼에도 사람들은 떠나지 않았다. 섬은 조용히, 그러나 단단히 살아 있다. 언덕 끝에서 바다를 내려다보면 구봉산 아래 금호타운이 아득히 보인다.

해가 질 무렵, 바다와 하늘이 한빛으로 물들면 섬은 마치 거울처럼 반짝이며 자신의 오래된 이야기를 다시 비춰낸다.

소경도

가막만 끄트머리,
갈매기 앉는 부표 길 따라
야도, 가장도, 풍낙도, 노랑도가 이웃으로 다가온다.

소경도에 누운 넓적바위 위로
가막연안의 부이들이
조용히 하루의 물살을 재어간다.

붉은 노을이 섬을 감싸면
조개 줍던 아낙의 콧노래가
바람을 따라 골목 끝으로 번져간다.

야도

여수시 월호동 국동어항 샘기미 맞은편, 손을 뻗으면 닿을 듯한 남쪽 바다 위에 작은 섬 하나가 누워 있다. 그 이름은 야도(冶島), '불을 다스리는 섬'이라는 뜻을 가진다. 옛사람들은 섬의 모양이 대장간의 풀무를 닮았다 하여 그렇게 불렀고, 한때 '불모섬(不毛島)'이라 불리던 이곳은 불무(冶)의 기운을 품은 이름으로 다시 태어났다.

야도는 높이 스무 미터 남짓, 섬 전체가 완만하고 평탄하다. 모래사장이 부드럽게 이어지고, 해안선에는 낮은 파식대와 잔잔한 물결이 어우러진다. 땅속에는 중생대 백악기의 화산암이 깔려 있으며, 오랜 세월 다습한 바람이 빚은 붉은 흙이 섬을 덮고 있다. 그 덕에 고구마와 깨가 잘 자라고, 작은 밭마다 파도 소리를 들으며 하루하루 결실을 키워간다.

2024년 12월 기준, 이곳에는 단 세 가구, 네 명의 주민이 산다. 그들은 농사와 어업을 함께 하며 바다 위에 가두리 양식장을 띄우고 멸치를 말린다. 비록 작은 섬이지만, 그들의 하루는 바람과 소금, 그리고 묵묵한 손길로 이어진다.

야도는 동시에 역사의 상처를 간직한 섬이기도 하다. 일제강점기, 일본인들이 이곳에 어업 전진기지를 세워 섬 주민들의 삶을 흔들었다. 작은 땅 위에 낯선 건물들이 들어서고, 섬 사람들은 바다를 빼앗긴 채 노동에 내몰렸다. 그 시절의 흔적은 이제 거의 사라졌지만, 야도의 바람 속에는 아직 그 기억이 남아 있다. 고요한 해변의 모래와 바위, 오래된 돌담이 그날의 이야기를 말없이 품고 있다.

신월에서 출발한 도선은 소경도와 가장도를 지나 야도의 잔잔한 포구에 닿는다. 정기 여객선은 없지만, 샘기미항에서 주민들이 직접 모는 작은 사선이 육지와 섬을 잇는 유일한 길이다. 날이 잔잔한 아침이면 바다는 거울처럼 반짝이고, 멀리서 바라보면 한 점의 구름이 바다 위에 걸린 듯 고요하다. 지금은 까막섬을 잇는 신월–야도–경도 연륙교 공사가 바다 위에서 진행되고 있다.

언젠가 다리가 완공되면 야도는 다시 사람의 발길이 닿는 섬이 될 것이다. 그때에도 이 붉은 흙과 잔잔한 파도는 예전처럼 변함없이 바다의 시간을 이어갈 것이다.

야도

국동어항 건너 불모섬,
뭍으로 야호를 외치면
샘기미 마도로스 친구들이 모여든다.

가장도 물결 따라
뗏목에 노를 젓는 모정의 뱃사공,
목넘 포구에 내려
학교 종소리에 맞춰 오솔길을 달린다.

소경도 갯가에서
조개 줍던 아낙의 노랫소리,
야도의 별빛 아래
섬의 하루가 바람처럼 흘러간다.

V

전라남도 여수시 돌산읍

전라남도 여수시 돌산읍은 우리나라에서 여덟 번째로 큰 섬으로, 여수 본섬과 돌산대교로 이어져 있다. 동쪽은 남해, 서쪽은 월호동(경호동), 북쪽은 중앙동, 남쪽은 남면과 접한다. 행정구역은 군내리를 중심으로 우두리, 죽포리, 평사리, 금봉리, 금성리, 둔전리, 서덕리, 신복리, 율림리 등 10개 법정리로 구성되어 있다.

읍의 중심지인 우두리는 과거 돌산군청과 여천군청이 있던 곳으로, 지금도 도서 지역의 중심지 역할을 한다. 삼려(여수·여천·여천군) 통합 이후에는 여수 남쪽의 핵심 배후지역으로 발전했고, 돌산택지개발지구 조성 이후 인구 유입이 이어지고 있다.

돌산읍은 천혜의 자연환경과 전통문화유산이 함께 어우러진 지역이다. 향일암, 돌산대교, 돌산공원, 전라남도 해양수산과학관, 큰끝등대 등 유명 관광지가 있어 사계절 내내 여행객의 발길이 끊이지 않는다. 특히 향일암은 해돋이 명소로 알려져 매년 새해 첫날이면 수많은 인파가 몰린다.

돌산의 이름은 1899년 돌산군수 서병수가 편찬한 여산지(廬山志)에 "섬 가운데 이름난 여덟 산이 있어 식산(息山)이라 하였고, 돌이 많은 산이 많아 돌산이라 부른다"고 기록되어 있다. '식산'의 '식(息)'자는 돌(突)자를 잘못 쓴 데서 비롯된 것으로 보이며, 이로 인해 돌산이라는 지명이 탄생했다.

1896년 돌산군이 신설되어 두남면으로 불리다가, 1914년 부군면 통폐합으로 여수군 두남면이 되었고, 1917년 '돌산면'으로 개칭되었다. 이후 1973년 7월 1일 경호리가 여수시에 편입되어 경호동이 되었으며, 1980년 돌산면이 읍으로 승격되었다.

1994년 여천군청이 우두리로 이전했고, 1998년 여천시·여천군·여수시가 통합되면서 현재의 여수시 돌산읍이 되었다.

1966년 2만6천여 명에 달하던 인구는 점차 줄어, 2025년 9월 기준 11,990명으로 1만 2천 명 아래로 떨어졌다. 우두출장소 관할 인구 역시 7,952명으로 감소했다. 하지만 최근 택지 개발과 관광 인프라 확충으로 인한 인구 유입이 조금씩 늘고 있으며, 돌산대교를 중심으로 한 시가지 확장이 활발히 이루어지고 있다.

돌산읍사무소는 과거 돌산군청 자리에 있으며, 주변에는 돌산향교와 방답진성 등 역사적 유적이 남아 있다. 또한 구 여천군청 부지에는 청솔아파트와 전라남도국제교육원이 자리하고 있어, 교육·행정 중심지로도 기능하고 있다.

돌산읍에는 군내리와 가까운 송도와 금죽도 두 개의 유인도가 있다. 두 섬 모두 어업과 관광이 결합된 생활 섬으로, 돌산의 수려한 해안선과 함께 여수 가막만을 한눈에 조망할 수 있는 곳이다. 돌산은 섬 전체가 바다와 산이 어우러진 천혜의 풍경을 지녔다. 구봉산과 향일암에서 바라보는 일출은 장관이고, 해안도로를 따라가다 보면 남해의 맑은 물빛이 끝없이 이어진다. 역사와 자연, 그리고 사람의 이야기가 겹겹이 쌓인 이 섬은 지금도 '여수의 남쪽 문'으로서 고요히 제 빛을 품고 있다.

돌산도

돌산도(突山島)는 대한민국에서 열 번째로 큰 섬으로, 여수반도 바로 아래 남해에 자리하고 있다. 이름은 여덟 개의 산이 솟아 있는 데서 유래했으며, '산(山)' 자와 '팔(八)' 자, '대(大)' 자가 합쳐져 '돌산'이라 불리게 되었다. 한자로는 突山島라 쓰지만, 순우리말 '돌'에서 비롯된 이름으로 알고 있는 사람도 많다.

조선시대에는 오두막이 많아 '여사니(廬山尼)'라 불리기도 했던 이 섬은, 오늘날 여수에서 가장 아름다운 해안 풍경과 해돋이 명소를 간직한 곳으로 손꼽힌다.

돌산도는 여수반도 동남쪽에서 약 450m 떨어져 있으며, 면적은 71.13㎢, 해안선 길이는 104.4km에 달한다. 북쪽의 우두리에서 남쪽 금오산까지 남북으로 길게 뻗어 있으며, 중간의 무슬목 해변을 따라 가느다란 모래목으로 이어져 하나의 섬을 이룬다.

섬 중앙에는 최고봉 봉황산(441m)이 우뚝 서 있고, 천마산·대미산·천왕산·금오산 등 여덟 산이 능선을 이루며 섬 전체를 병풍처럼 감싸고 있다. 특히 돌산공원에서 향일암까지 이어지는 32km의 해안산책로는 일출과 일몰을 모두 감상할 수 있는 길로, 걸어서 10시간이 걸릴 만큼 웅장한 풍경을 자랑한다.

향일암이 자리한 남단의 금오산은 풍수지리상 '바다로 들어가는 황금거북'의 형상을 하고 있으며, 다도해 해상국립공원 구역에 속한다. 해식애, 자갈해안, 갯벌 등 다양한 해안지형이 어우러져 남해 특유의 풍광을 빚어낸다.

돌산도의 상징은 단연 향일암이다. 남해안 제일의 해돋이 명소로 꼽히며, 통일신라 시대에 창건된 유서 깊은 사찰이다. 매년 연말연시에는 수많은 사람들이 새해 첫 해를 보기 위해 향일암으로 향한다.

무슬목 해수욕장은 돌산도의 허리 부분에 자리해 있으

며, 부드러운 모래와 둥근 자갈, 그리고 소나무 숲이 어우러져 여름철 피서지로 인기가 높다. 이곳은 임진왜란 당시 충무공 이순신 장군이 전승을 거둔 곳으로, 충무공 대첩비가 세워져 있다. 이름의 유래에는 여러 설이 전해지는데, '무술년의 전투', '바닷물이 스며드는 낮은 땅', 혹은 '피로 물든 해변'에서 비롯되었다는 이야기가 있다.

이 밖에도 방죽포 해수욕장, 군내리 국가어항, 달암산 성지, 돌산향교, 방답진성터 등 유적지와 명소들이 곳곳에 흩어져 있다. 겨울철에는 평사리 갯벌에 고니들이 날아와 장관을 이룬다.

2024년 12월 기준 돌산도에는 약 1만 2천 명의 주민이 살고 있다. 돌산 갓과 돌산 갓김치는 전국적으로 이름난 특산품이다. 북쪽의 우두리 지역은 여수 시내와 가까워 신시가지로 개발되어 있으며, 국제교육원, 도서관, 학교, 리조트, 카페, 펜션 등이 들어서 있다.

1984년 완공된 돌산대교와 2012년 여수세계박람회를 맞아 건설된 거북선대교가 섬과 본토를 잇고 있어 접근성이 뛰어나다. 해안 일주도로와 해상 케이블카를 따라 달리다 보면, 남해의 다도해를 한눈에 내려다보는 절경이 이어진다.

돌산도의 기후는 따뜻한 쿠로시오 해류의 영향을 받는 온난한 해양성 기후로, 후박나무·동백나무·팽나무가 무성하다. 평야는 둔전리와 죽포리 일대에 형성되어 있으며, 소하천인 돌산천과 와룡천이 섬을 적신다. 지방상수도와 도시가스가 연결되어 생활 여건도 편리하다. 행정적으로는 1읍 10법정리, 42행정리로 구성되어 있고, 초·중·고등학교를 비롯한 교육기관과 보건지소, 공공기관이 고르게 분포해 있다. 관광과 어업, 그리고 갓김치 산업이 조화를 이루며, 여수시의 대표적인 연륙도이자 남해안의 보석 같은 섬으로 자리 잡고 있다.

돌산도

수평선 끝 붉은 해가 오르면
돌산의 산그늘이 길게 눕는다.

갓밭 위로 바람이 지나가고
소금 냄새가 마음에 스민다.

저녁 포구엔 불빛이 번지고
고단한 배들이 노래를 부른다.

파도는 조심스레 등을 두드리고
나는 그 바다에 하루를 묻는다.

송도(돌산면) 突山松島

여수 돌산읍에서 남서쪽으로 불과 300m, 걸어서도 닿을 듯 가까운 곳에 작은 섬 하나가 있다. 이름은 송도(松島). 옛날에는 소나무가 울창해 '솔섬'이라 불렸고, 그 순우리말 '솔'을 한자화하면서 '송도'가 되었다. 지금은 밭이 많아졌지만, 섬 이름 속에는 여전히 바다와 바람, 그리고 나무의 기억이 살아 있다.

송도의 면적은 0.91㎢, 해안선 길이는 5.8km에 불과하지만, 88가구 137명이 정겹게 살아가고 있다(2024년 12월 기준). 남쪽에는 작은 무인도인 소송도, 북쪽에는 상·하 시루섬, 그리고 주위에는 화태도와 자봉도가 병풍처럼 둘러서 있다. 송도는 이들 섬 사이에서 마치 돌산읍의 바람막이처럼 자리하고 있다. 실제로 태풍이 북상할 때 송도가 바람을 막아 군내리를 지켜준다고 하여, 주민들 사이에서는 "송도는 돌산의 방패"라 불리기도 한다.

1890년대 이전까지만 해도 송도는 사람이 살지 않는 섬이었다. 해적이 자주 들이닥쳐 주민들이 정착할 수 없었기 때문이다. 그 후 군내리 사람들이 건너와 밭을 일구며 작은 마을을 꾸렸고, 이곳이 군내리의 정원(庭園) 같은 존재가 되었다 하여 '식도(食島)'라 불렀다는 이야기가 전해진다. 이름만 들어도 '먹을거리와 풍요의 섬'이라는 느낌이 담겨 있다. 송도 앞에는 장구처럼 생긴 작은 섬이 있다. 장구섬이 송도로 불어오는 태풍과 바람을 막아주며, 두 섬은 서로를 지켜주는 '이웃'이 되었다. 지세로 보면 정말로 서로 기대어 사는 형국이다.

송도에는 한때 소나무가 빽빽했다. 그러나 지금은 소나무보다 밭이 더 많다. 이유는 다소 뜻밖으로 왜가리 때문이라고 한다. 장구섬은 왜가리의 서식지로, 수백 마리의 왜가리가 해마다 이곳에서 둥지를 튼다. 왜가리 배설물이 너무 독해, 소나무들이 하나둘 시들며 결국 숲이 사라지고 밭으로 변했다. 그래서 지금의 송도는 이름은 '소나무 섬'이지만, 풍경은 '밭섬'이 된 셈이다. 대신 바람에 실려 오는 갯내음과, 밭두렁에 핀 들꽃이 옛 숲의 정취를 대신한다.

송도는 작지만 중요한 위치에 있다. 돌산읍 군내어항과 가까워 배가 쉽게 오가며, 주변의 작은 섬들이 모두 송도를 거쳐 이동한다. 돌산대교와 거북선대교로 여수 본토와 이어진 덕분에, 지금은 관광객들도 간간이 송도를 찾는다. 방파제 끝자락에 배가 닿으면 곧장 계단을 따라 마을로 오르게 되고, 왼편에는 집들이, 오른편에는 밭과 바다가 맞닿은 길이 이어진다.

송도

돌산 바닷가 모래 끝에 서서
한 마리 왜가리 노을을 본다.
날개 접고서 잠든 바다 위에
바람도 잠시 길을 묻는다.

사람 떠난 포구 불빛이 지고
그 새만 혼자 하루를 세운다.
돌산의 달빛 물결에 부서져
조용한 파도 어머니를 닮았다.

금죽도

전라남도 여수시 돌산읍 금봉리 산 2번지. 지도 위로는 점 하나처럼 작지만, 그 안에는 긴 세월과 한 부부의 이야기가 살아 있다. 여수항에서 남쪽으로 약 8.2킬로미터, 배를 타고 20분 남짓 달리면 가막만 한가운데에 조용히 떠 있는 섬 하나가 보인다.

그곳이 바로 금죽도(金竹島), 대나무가 금빛으로 반짝였다 하여 붙은 이름이다. 옛날 이곳에는 '신의대'라 부르는 대나무가 많았다고 한다. 햇살이 비치면 온 섬이 금빛으로 물들어 멀리서도 눈에 띄었고, 사람들은 그 빛을 따라 섬을 '금죽도'라 불렀다.

임진왜란 때는 이순신 장군이 바로 이 대나무를 베어 화살을 만들고, 왜군을 무찌르는 데 사용했다는 이야기도 전해진다. 지금은 대나무 대신 소나무가 섬을 지키고 있지만, 바람이 스치면 아직도 대나무 잎이 흔들리는 듯한 소리가 들리는 곳이다.

금죽도는 면적 0.11제곱킬로미터, 해안선 길이 1.6킬로미터에 불과한 작은 섬이다. 걸어서 한 바퀴를 돌아도 30분이 채 걸리지 않는다. 그러나 가막만의 수많은 섬들 가운데서도 가장 중앙에 있어, 마치 바다의 심장처럼 고요하게 뛰고 있다.

2024년 12월 기준으로 이 섬에는 단 한 가구, 두 사람이 산다. 남자 한 명, 여자 한 명. 80대의 노부부, 김재연 할아버지(83)와 곽수업 할머니(80)다. 한때는 50명 넘는 주민이 북적거렸지만 지금은 오직 이 두 사람만이 금죽도를 지키고 있다.

"사람이 떠나면 섬도 늙는다"며, 무인도가 되지 않게 이곳을 지켜온 부부의 삶은 오래전 '인간극장'을 통해 전국에 알려지기도 했다. 할아버지는 해방 이전 금죽도에서 태어나 군 생활과 자녀 교육을 위해 잠시 육지에 나갔던 시절을 빼고는 평생을 이 섬과 함께 살아왔다. 이 부부는 물 좋고 공기 맑은 섬에서 살며, 세월이 흘러도 여전히 정정하다. 20년 넘게 두 사람만이 살아온 이 섬은 그들의 손끝에서 고요히 숨 쉬고 있다.

섬의 동쪽에는 마을과 작은 선착장이 있다. 농업과 어업을 함께 하며, 밭에는 고구마와 보리가 자라고 바다에서는 전어, 도다리, 노래미가 잡힌다. 마을 입구 포구 왼쪽에는 우물이 두 곳 있는데, 그 물맛이 뛰어나기로 유명하다. 바닷물이 드나드는 섬에서 쉽게 찾기 힘든 맑은 샘이다. 퍼도 마르지 않는다 해서 '마르지 않는 우물'이라 불리며, 인근 양식장 어민들도 물을 길러올 정도로 풍부하다.

교통수단이라 해봤자 섬에 정박한 0.5톤 남짓한 소형 FRP선 한 척뿐이다. 그 배는 마을과 육지를 잇는 유일한 다리이자, 섬의 심장이기도 하다. 바람이 잔 날이면 그 배가 여수를 향해 천천히 나아가고, 거센 날이면 며칠을 꼼짝 못 한 채 섬은 파도 속에서 스스로를 안는다.

지금의 금죽도는 마치 오래된 고향 마을처럼 조용하고 단정하다. 길가엔 들꽃이 피고, 파도는 밭머리까지 와 닿는다. 바람 부는 날이면 소나무 사이로 옛 대나무의 기억이 스치고, 저녁이 되면 노을빛이 바다와 집 담벼락을 함께 물들인다. 세상에서 가장 작은 섬 같지만, 가장 넓은 마음을 품은 곳. 이곳이 바로, 금빛 대나무의 섬 금죽도다.

금죽도

바다 한가운데 작은 섬 하나,
금빛 대나무가 바람에 흔들리던 자리.
이순신의 화살이 지나간 바다 위로
이제는 소나무만 푸르게 남았다.

한 부부가 그 섬을 지킨다.
세상은 잊었지만 바다는 잊지 않았다.
퍼도 마르지 않는 우물의 물맛처럼
그들의 시간은 깊고 투명하다.

하루에 한 번, 배가 다녀가고
밤이면 등불이 파도 위에 흔들린다.
작은 섬, 그러나 그 고요 속엔
한 생의 바다가 숨 쉬고 있다.

VI

전라남도 여수시 율촌면

여수시의 최북단, 여수로 들어서는 길목에 자리한 율촌면은 여수에서 가장 먼저 만나는 면이다. 행정 중심지는 조화리이며, 조화리·월산리·산수리·상봉리·봉전리·가장리·반월리·여동리·취적리 등 10개의 법정리로 이루어져 있다. 북쪽으로 순천과 맞닿아 있고, 대도시와의 접근성이 뛰어나 여수의 관문이자 산업의 중심지로 성장하고 있다.

율촌면은 과거의 고요한 농어촌에서 지금은 활력 넘치는 산업지대로 바뀌고 있다. 율촌 제1산단과 조성 중인 율촌 제2·3산단이 대표적이다. 이러한 산업단지 개발로 인구가 꾸준히 늘어 2025년 8월 기준 6,064명에 이르며, 화양면을 제치고 여수시 읍면 지역 중 인구 3위를 차지했다. 새롭게 들어선 아파트 단지들이 그 변화를 보여준다.

역사적으로 율촌은 고려시대부터 존재한 지역이다. 고려 때 '여수현 율촌부곡'이 있었고, 조선시대에는 순천도호부 율촌면으로 불리며 평촌·가장·난화·중산·연화·삼산·반월·내리·봉전리 등 40개 리를 관할했다. 1479년(성종 10년) 여수에 전라좌수영이 설치되면서, 이 지역 백성들은 순천부와 전라좌수영 두 곳에 세금을 내야 하고 부역도 두 곳에 나가야 하는 이중 부담을 겪었다. 1897년에 여수군으로 편입된 뒤, 1914년 행정구역 개편으로 구산면의 여러 리(신풍·우산·중흥·산곡·덕산·학서리 등 17개 리)를 병합하여

9개 리로 재편되었다. 이후 1973년에는 광양군 골약면에 속해 있던 송도·대륵도·중륵도·소륵도 지역(송장리)이 율촌면에 편입되어 현재의 10개 리 체계가 갖춰졌고, 1987년에는 송장리가 여동리로 이름을 바꿨다. 1998년 4월 1일, 여수시·여천시·여천군이 통합되면서 지금의 여수시 율촌면이 되었다.

지리적으로 율촌면은 여자만을 바라보는 완만한 해안선을 가지고 있어 간척지 개발에는 다소 불리하지만, 대신 풍부한 연안어장과 넓은 평야가 발달했다. 면내 신풍리에는 여수공항이 자리 잡고 있어 김포와 제주를 오가는 항공편이 운영되고 있으며, 여수의 하늘 관문 역할을 하고 있다.

신풍리에는 또 하나의 특별한 공간, 애양병원이 있다. 한때 소록도와 함께 한센병 환자들을 돌보던 병원으로, 지금은 옛 건물이 등록문화재 제33호로 지정되어 있다. 이곳은 '사랑의 원자탄'으로 알려진 손양원 목사가 봉사활동을 펼치다 6·25전쟁 당시 순교한 장소로도 유명하다. 병원 옆에는 그의 생애를 기리는 손양원목사기념관이 있어, 지금도 전국에서 많은 이들이 찾아온다. 접근성도 좋아 순천에서 오는 96번 버스의 종점이 애양원이다.

율촌면은 예전엔 섬이 많았다. 그중 장도는 매립을 통해 육지와 이어졌고, 대륵도·소륵도·송도 등 여동리 일대의 섬들도 산업단지 조성을 위해 매립이 진행 중이다. 바다를 메워 얻은 땅 위에 새로운 산업의 터전이 세워지고 있는 셈이다.

이렇듯 율촌면은 역사와 산업, 신앙과 사람, 바다와 도시가 함께 숨 쉬는 여수의 북쪽 관문이다. 남해안 경제를 이끄는 전초기지, 그 길 위에서 오래된 이름 '율촌(栗村)'은 여전히 변함없이 여수의 시간을 지켜보고 있다.

대륵(늑)도

광양만의 끝, 율촌면 여동리에서 남쪽으로 2.8km 떨어진 바다 위. 그곳에 작은 섬 하나가 있다. 이름은 대륵도(大勒島). 섬의 윤곽이 늑대를 닮았다 하여 그렇게 불린다.

배를 타고 10분쯤, 바닷바람이 얼굴을 스치기 무섭게 섬이 나타난다. 대륵도 앞바다 위로 비행기가 낮게 날아가 여수공항 활주로에 내려앉는다. 손에 닿을 듯 가까운 거리지만, 섬 사람들에게 공항은 여전히 "먼 나라"다. 바다 건너 육지는 이제 산업단지의 도시가 되었고, 섬은 그 도시의 그림자에 눌려 있다.

섬의 면적은 0.16㎢, 해안선 길이는 1.5km 남짓. 2024년 12월 기준, 21세대 61명이 남아 있다. 그중 상당수는 생계를 위해 육지에 주소를 두고 오간다. 섬을 도는 도선은 여름엔 하루 7회, 겨울엔 6회 다닌다. 조화리에서 송도호 도선을 타면 10분도 채 걸리지 않는다. 부두 옆에는 서너 척의 FRP 어선이 정박해 있고, 마을 앞으로는 얕은 모래밭이 부드럽게 펼쳐져 있다.

이곳의 주민 대부분은 전주 이씨다. 작은 마을이지만 혈연으로 엮인 공동체다. 마을 한가운데 1971년에 만든 공동 우물이 있고, 지금도 그 물을 길어 쓴다. 한때는 아이들이 분교로 등교했고, 교회 종소리도 들렸다. 지금은 분교 자리에 자가 발전소가 남아, 외딴 섬의 불빛을 지키고 있다.

담장은 시멘트로 바뀌었고, 돌담은 거의 사라졌다. 폐가도 많다. 잡초가 우거진 밭과 허물어진 지붕들 사이로, 섬의 세월이 조용히 흘러간다.

대륵도는 한때 풍요로운 바다의 중심이었다. 그러나 광양만의 풍경은 이제 완전히 달라졌다. 율촌 제1·2·3산단이 들어서면서 바다가 매립되고, 섬은 산업지대에 포위되었다. 옹기종기 흩어져 있던 송도·소륵도·중륵도 같은 작은 섬들이 하나둘 지도에서 사라졌다. 장도는 매립되어 공원이 되었고, 삼간도는 철거 중이다. 그 사이에서도 대륵도와 송도, 소륵도에는 아직 사람이 남아 있다. 그들은 "바다를 버릴 수 없다"고 말한다. 이 섬은 지질학적으로도 특별하다. 2024년, 대륵도 화석산지에서 56점의 골격 화석이 발굴되었다. 척추뼈, 갈비뼈, 골반뼈, 다리뼈 등 길이 50cm가 넘는 화석들이 포함되어 있었다. 천 년 전의 생명이 잠들어 있던 자리 위에, 지금은 산업의 굉음이 울리고 있다. 아이러니하지만, 그것이 대륵도의 현실이다.

그럼에도 이 섬에는 여전히 생명이 남아 있다. 겨울이면 멸종위기종 2급, 국제보호종 '검은머리갈매기'가 찾아온다. 광양만의 마지막 갯벌이 남은 곳이 바로 이 일대이기 때문이다. 검은머리갈매기가 머무는 그 겨울, 섬은 잠시나마 잊힌 평화를 되찾는다.

섬의 동쪽 300m 앞에는 이미 율촌 제2산단의 매립지가 다가왔다. 머지않아 송도와 대륵도, 소륵도, 중륵도는 모두 지도에서 사라질지도 모른다. 그래도 이곳에 남은 사람들은 바다를 떠날 수 없다. 그들은 말없이 매일의 그물을 손질하고, 바람의 방향으로 삶을 산다.

늑대의 형상을 닮은 섬, 대륵도. 이 섬은 이제 광양만의 산업지대 한가운데서 사라져 가는 바다의 마지막 기억처럼, 묵묵히 그 자리를 지키고 있다.

대륵도

창공의 비행기 소리에
늑대가 놀란 유배지의 섬,
대륵도
잠시 머물러도 마음에 남는 곳.

풋풋한 바람은 잠들어
삶의 갯벌은 오늘도 숨을 쉬고
굴뚝의 연기 사이로
갈매기 울음이 바람을 따라 흐른다.

물비늘 위에 노을이 스며들면
섬은 다시 하루를 품는다.
지워지는 것이 아니라
다른 빛으로 남으리.

돌담 틈에 핀 들꽃처럼
손끝에 바다는 살아 있고,
그 마음이 하늘을 닮아
대륵도는 오늘도 빛을 낸다.

소륵도小勒島

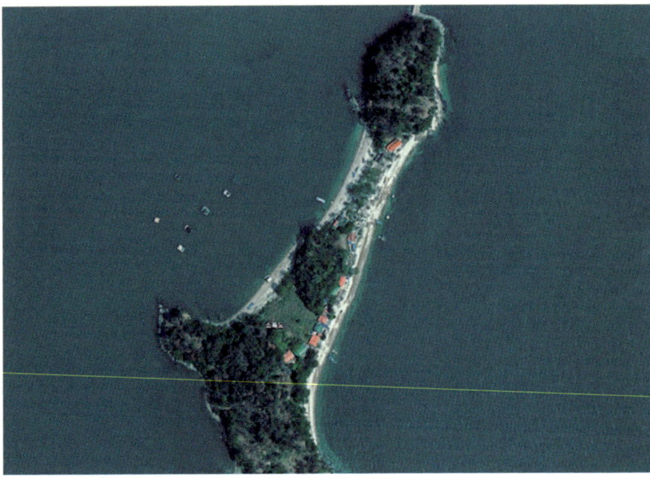

소륵도(小勒島)는 대륵도 바로 옆에 있는 작은 섬이다. 한 때는 아이들 웃음소리가 바다를 가득 채우던 마을이었지만, 지금은 늙은 노부부 한 쌍만이 남아 바다의 불빛을 지키고 있다. 머지않아 매립과 개발로 육지와 이어질 예정이라 그 흔한 전기도 들어오지 않는다. TV도 냉장고도, 선풍기도 세탁기도 없는 생활. 밤이면 어둠 속에서 갈매기 울음소리만이 섬의 시간을 대신한다.

해질 무렵이면 바다 위로 붉은 노을이 번지고 섬은 잠시

빛으로 물든다. 그 순간만큼은 세상 어디에도 없는 동화 같은 나라에 와 있는 듯하다. 그러나 아름다운 풍경 이면에는 곧 사라질 운명을 품고 있다. 언젠가 지도 속에서도 찾기 어려운 이름이 될지도 모른다. 소륵도의 최고 지점은 해발 84.8미터로, 섬 전체가 완만한 능선을 이루고 있다. 주위에는 넓은 갯벌이 발달해 있으며, 주민들은 농사와 어업을 함께 한다.

보리·고추·마늘을 재배하고, 갯벌에서는 꼬막이 자란다. 대륵도와 소륵도는 모두 농토가 넉넉하지 않아 바다의 품을 빌려 살아왔다.

섬 앞바다에는 지금 율촌 제3산단 융복합 물류단지 호안공사가 진행되고 있다. 이 사업은 '항만재개발법'에 따라 광양항에서 파낸 흙으로 매립을 마친 뒤, '광양항 율촌 융복합 물류단지'로 조성될 예정이다. 이곳이 완공되면 송도, 대륵도, 중륵도, 소륵도 같은 작은 섬들은 모두 육지의 품으로 들어가 하나의 산업단지로 바뀌게 된다.

소륵도는 지금 그 경계에 서 있다. 어둠이 내리면 갈매기가 친구가 되고, 아침이 밝으면 노부부의 손끝에서 하루가 시작된다. 섬은 작지만, 그 안에는 한평생의 바다와 삶이 그대로 남아 있다. 언젠가 지도로는 사라질지 몰라도, 소륵도는 여전히 누군가의 마음속에 남을 남해의 섬이다.

소륵도

노을 속에 잠든 섬,
뱃고동 소리 머문 자리
고향을 그리워하듯
사람의 마음이 닿는다

물비늘 위로 노을이 번지고,
화려하던 갯벌은 기억이 된다
언젠가 지도에서 사라져도
바다는 여전히 이 섬을 품는다

돌담 틈에 핀 들꽃처럼
섬사람의 사랑은 남아
바람 속에서도 잊히지 않는 이름,
소륵도, 그 고요한 고향

송도(율촌면)

여수시 율촌면 조화항에서 배를 타고 5~7분, 광양만의 물결 사이로 길고 가느다란 섬 하나가 모습을 드러낸다. 이곳이 바로 송도(松島), 옛날엔 '소가 누운 모습'을 닮았다 해서 우도(牛島), 또는 '솔섬'이라 불렸다.

임진왜란 무렵, 전란을 피해 사람들이 처음 들어와 살기 시작했으며, 마을을 푸른 소나무로 위장해 적의 눈을 피했다 하여 이후 '소나무 송(松)' 자를 써서 송도라 불리게 되었다.

송도의 면적은 0.62㎢, 2024년 12월 기준으로 78세대, 201명(남 112명, 여 89명)이 살고 있다. 주민의 대부분은 바다에서 생계를 이어간다. 섬 주변 수심이 얕고 갯벌이 넓어 조개류 양식에 알맞다. 보리·감자·콩·무를 재배하고, 근해에서는 멸치·숭어·전어·낙지가 잡힌다. 바지락·새고막·피조개 같은 조개류 양식도 한때는 활기를 띠었다. 하지만 광양만 일대에 여수국가산단, 광양제철, 광양항 컨테이너 부두, 그리고 율촌산업단지까지 들어서면서 송도의 바다는 점점 좁아지고 어업은 활기를 잃었다.

지금 송도는 산업단지로 둘러싸인 작은 섬이다. 한때 풍요로운 어촌이었지만, 환경오염과 식수난이 겹쳐 젊은 세대는 대부분 섬을 떠났다.

남은 이들은 고령의 어르신들로, 3~4년 안에 국가 보상을 받고 이주할 예정이라고 한다. 그러나 여전히 이 섬에는 하루하루를 살아가는 20여 명의 주민이 남아 있다.

주소지는 송도에 두고 육지를 오가는 사람들까지 더하면 80~100명 정도가 이곳과 인연을 이어가고 있다.

섬의 가장 큰 문제는 물이다. 송도에는 관정(管井) 하나뿐인데, 가뭄이 길어지면서 그마저도 말라버렸다. 수도꼭지를 틀어도 물 한 방울 나오지 않는 날이 대부분이다. 주민들은 빗물을 받아 저장한 뒤 생활용수로 쓰고, 자녀들이 보내주는 생수로 겨우 목을 축인다.

물탱크와 큰 고무통이 마을의 가장 중요한 가구처럼 자리 잡았다. 누군가의 일상은 여전히 바다 위에서 그렇게 이어진다. 송도의 풍경은 고요하고, 어쩐지 오래된 시간의 냄새가 난다. 낮이면 갈매기가 떠 있고, 저녁이면 노을이 갯벌 위로 번진다. 이곳의 사람들은 여전히 그 빛을 바라보며 하루를 건넌다. 하지만 율촌 제3산단 개발이 마무리되면 송도 역시 대륵도·중륵도·소륵도와 함께 지도 속에서 이름을 찾기 어려운 섬이 될 것이지만 바람이 스치면 파도가 대답하고, 그 파도 위에 오래된 삶의 목소리가 남는다. 푸른 소나무로 자신을 숨기던 섬, 송도는 아직, 고향의 한켠에서 조용히 살아 있다.

송도

바람은 바다의 편지를 품고
낮게 나는 새들이 소식을 전한다
푸른 지붕 아래 노인 한 사람
그늘 속에서 바다를 듣는다

공단의 불빛이 저물어도
섬은 여전히 바람을 품는다
이름이 지워져도
송도는 바다의 기억으로 남는다

VII

전라남도 여수시 화양면

여수시 화양면(華陽面)은 여수의 북서쪽, 고돌산반도의 중심에 자리한다. 면 소재지는 나진리이며, 나진리·용주리·창무리·화동리·서촌리·이목리·옥적리·안포리·장수리·이천리 등 10개의 법정리로 이루어져 있다.

돌산반도 끝자락에 위치해 연륙교를 통해 화정면과 이어지고, 여수시 읍·면 중에서는 두 번째로 면적이 넓다. 그러나 2025년 2월 기준 인구는 5,988명으로 6천 명 선이 무너져, 율촌면에 이어 여수시 읍·면 인구 5위로 내려섰다.

'화양'이라는 이름은 본래 말을 기르던 목장(牧場)에서 유래했다. 삼국시대에는 돌산현 소속이었으며, 통일신라 때는 여산현, 고려시대에는 돌산현으로 전환되어 1350년에는 현령이 파견되었다. 조선시대 들어 1414년, 왜구의 침입에 대비해 연안 도서를 독립 군현으로 두지 않고 수군진지로 편성하는 정책에 따라 돌산현은 폐현되었고, 그 자리는 순천부 소속의 소라면 상도 지역에 속하게 되었다.

이후 곡화목장이 설치되어 말을 기르던 지역이 되었으나, 1895년(고종 32년)에 폐지되었다. 2년 뒤인 1897년 여수군에 편입되며 '화양면'이라 불렸고, 나지·소장·석교·서상·서하·봉동 등 37개 리를 관할했다.

해방 이후 행정구역은 여러 차례 변화를 겪었다. 1949년 여천군 쌍봉면 소호리에 편입되었고, 1983년에는 이천리에 운두도 섬이 편입되었다. 1986년 여천시로의 승격 당시, 용주리 송소마을이 여천시 쌍봉동(법정동: 소호동)으로 넘어갔다.

1998년 4월 1일, 여천군·여천시·여수시의 통합으로 오늘날의 여수시 화양면이 되었다. 화양면은 동·서·남 세 면이 바다와 맞닿아 있다.

동쪽은 가막만(駕莫灣), 서쪽은 여자만(汝自灣), 남쪽은 장수만(長水灣)과 화정면의 섬들에 둘러싸여 있으며, 북쪽은 소라면과 쌍봉동(법정동은 소호동)으로 이어진다. 이 지형 덕분에 '화양반도'라 불리기도 한다. 총 면적은 70.14㎢, 그중 경지 면적이 16.73㎢로 밭 10.37㎢, 논 5.76㎢, 임야 44.74㎢에 이른다.

이 지역에는 오래된 문화유적도 많다. 용문암지와 화동목관비, 그리고 300여 기가 넘는 고인돌 유적이 있다. 특히 2002년 나진리 안골에서는 60여 기의 고인돌이 한꺼번에 발굴되어 한반도 남해안 청동기 문화의 중요한 흔적으로 평가받았다. 또한 여수시 예술인촌이 조성되어 지역 예술가들의 창작 공간으로 쓰이고 있다.

화양면에는 섬도 여럿 있다. 유인도로는 운두도, 무인도로는 자래섬, 소운두도, 간도, 대락도, 소락도, 삼섬, 목도, 장재도, 마물도, 죽도(백로 도래지), 오란도 등이 있다. 이 중 운두도는 현재 주민이 살고 있는 여수의 대표 유인섬 중 하나다. 교통 인프라도 빠르게 발전하고 있다. 2019년에는 남쪽 해안과 고흥군을 잇는 화양-적금 연륙교(국도 77호선)가 개통되었고, 면을 남북으로 가로지르는 지방도 22호선(화양로) 역시 왕복 4차선으로 확장되었다.

또한 창무삼거리-서촌리-이목리 공정교차로를 잇는 지방도 863호선이 완공되면서 화양면은 여수와 고흥, 순천을 연결하는 교통의 요충지가 되었다. 이처럼 화양면은 오랜 역사와 풍요로운 자연, 그리고 현대적 산업과 교통이 공존하는 지역이다.

말을 기르던 목장의 들판에서 이제는 연륙교와 산업도로가 뻗어 나가고, 바다와 육지가 맞닿은 그 자리에서 화양은 여전히 "여수의 중심에서 빛나는 들판"으로 남아 있다.

운두도

여수시 화양면 이천리 감도 앞바다. 해안에서 불과 700미터 떨어진 곳에 작은 섬 하나가 떠 있다. 항상 구름이 걸려 있었다 해서 '운(雲)' 자를 써 운두도(雲頭島) 라 불린다. 맑은 날에도 섬 위로 엷은 안개가 머물고, 바람이 불면 구름이 흘러내리듯 섬을 감싼다. 운두도는 감도와 달천도 사이, 여수 여자만 북쪽에 자리한다.

원래는 화정면 여자리 소속이었으나, 지금은 화양면 이천리 감도마을에 속한다. 면적은 0.72㎢, 2024년 12월 기준 11세대 17명(남 10명, 여 7명)이 거주하고 있다. 마을은 섬의 남쪽 해안에 자리하고, 10미터 남짓한 선착장이 바다와 마을을 잇는다.

전기는 외부에서 공급되지 않아 자가발전을 이용하고, 식수는 상수도가 없어 마을 우물에 의지한다.

이 섬에는 오래된 전설이 있다. 옛날 한 효자가 살았는데, 당시 고려장의 풍습에 따라 늙은 아버지를 산에 묻어야 했다. 차마 그럴 수 없던 그는 아버지를 지게에 지고 섬으로 피신했다. 그 사실을 알게 된 마을 사람들이 배를 타고 뒤따라갔지만, 심한 풍랑과 짙은 구름에 막혀 결국 섬에 닿지 못했다고 한다.

그날 이후, 육지에서 보면 섬 위에 언제나 구름이 걸려 있었다 하여 '구름의 머리섬', 운두도라 불리게 되었다.

섬 주변에는 세 개의 섬이 나란히 붙어 있다. 운두도 외의 두 섬은 무인도인데, 그중 큰 섬이 소운두도다. 세 섬은 서로 가까워 마치 한 폭의 수묵화처럼 이어져 있다.

해안선에는 해식애와 기암괴석이 발달해 있고, 곳곳에 바람이 파낸 절벽과 해식동굴이 있어 섬을 한 바퀴 돌다 보면 자연이 만든 미술관을 보는 듯하다.

마을에는 10채 남짓한 집이 있고, 그중 붉은 지붕의 한 집은 산길과 포구를 잇는 길의 끝에 있다. 그 길로 옛날 학생들이 배를 타기 위해 오르내렸다고 한다.

포구에서는 지금도 어민들이 그물을 손질하고, 감도 어촌계장과 함께 일하는 모습이 여전하다. 이곳을 떠나지 않고 섬을 지켜온 사람들 덕분에 운두도는 여전히 사람의 온기가 깃든 섬이다. 감도마을에서 출발한 작은 배가 5분쯤 달리면 섬이 코앞에 다가온다. 해질 무렵, 여자만 위로 노을이 퍼지고 고흥 쪽으로 넘어가는 해가 바다 위에 빛기둥을 세운다.

운두도의 일몰은 말로 다할 수 없을 만큼 장관이다. 바다는 붉게 물들고, 구름은 천천히 섬을 감싼다. 감도에서 가장 가까운 바다 위의 집, 그곳이 바로 운두도, 전설과 햇살이 함께 숨 쉬는 여수의 섬이다.

운두도

여자만 위로 안개가 내리고
갯벌 앞에 펼쳐진
바람 한 줄기 사랑처럼
섬의 이름을 불러본다

배 떠나고, 물결이 남는
감도와 달천 사이
조용한 섬 하나,
운두도를 불러본다

하늘과 바다가 맞닿은 자리,
그곳에 삶이 남아 있어
구름은 머물고
그리움을 남긴다

VIII 전라남도 여수시 소라면

소라면은 여수시 서부에 위치한 면 지역으로, 바다와 평야, 구릉성 산지가 고르게 어우러진 생활권이다. 지형은 대체로 해발 300미터 이하의 완만한 구릉으로 이루어져 있으며, 황새봉(396m), 가마봉(367m), 비봉산(240m), 안심산(347m) 등이 면 곳곳에 자리하고 있다. 이 산들은 소라면의 외곽을 이루며, 들과 바다를 자연스럽게 나누는 지형적 골격이 된다.

산자락 아래로는 농경지가 펼쳐진다. 소라면에는 소규모 평야가 곳곳에 형성되어 있으며, 이곳에서는 예로부터 쌀과 보리 농사가 이어져 왔다. 논과 밭, 마을이 서로 가까이 놓인 구조 속에서 농촌의 일상적인 풍경이 지금도 비교적 온전하게 유지되고 있다.

소라면의 서쪽은 남해와 접해 있다. 해안 지역에서는 꼬막과 낙지 등이 생산되며, 인근 여자만 일대에서는 전어·낙지·문어 등 계절에 따라 다양한 수산물이 어획된다. 농업과 어업이 함께 이어져 온 이 지역의 생활 방식은 소라면의 식문화와 지역 정체성을 형성해 왔다.

동북쪽으로는 광양만과 맞닿아 있으며, 이 연안을 따라 비교적 넓은 평야가 이어진다. 바다와 들녘이 맞닿은 지형적 조건 속에서 소라면은 농경과 해양 자원이 균형을 이루는 공간으로 자리 잡아 왔다. 화려한 관광지로 드러나지는 않지만, 생활과 생산이 자연스럽게 이어지는 구조가 이 지역의 특징이다.

교통 여건 또한 비교적 안정적이다. 여천선 철도가 동쪽 해안을 따라 지나가고, 순천과 여수를 잇는 국도가 면을 관통한다. 각 마을을 연결하는 소도로망도 촘촘히 이어져 있어, 면 단위 지역임에도 이동이 불편하지 않다. 이러한 교통망은 소라면이 여수 도심과 농어촌 지역을 잇는 생활권으로 기능하게 한다. 행정구역은 덕양리, 죽림리, 관기리, 현천리, 복산리, 사곡리, 봉두리, 대포리 등 8개 법정리로 구성되어 있으며, 행정리 기준으로는 30개 리가 있다. 면사무소는 덕양로 389에 위치해 있다. 면적은 60.57㎢이며, 2025년 8월 기준 인구는 약 2만 1천여 명으로, 여수시 면 지역 가운데 비교적 인구가 많은 편에 속한다. 소라면은 산과 들, 바다와 마을이 분리되지 않고 하나의 생활 공간으로 이어진 곳이다. 완만한 지형 위에 형성된 농경지와 해안의 삶은 오랜 시간 서로를 지탱하며 이어져 왔다. 소라면의 아름다움은 눈에 띄는 장면보다, 이렇게 이어져 온 삶의 구조 속에서 차분하게 드러난다.

달천도

여수시 소라면 복산리 앞바다, 여자만의 푸른 품 안에 둥글게 누운 섬 하나가 있다. 달빛처럼 고요하다고 하여 예전에는 도월천(道月川) 이라 불렸고, 그 이름이 세월을 거치며 달천도(達川島) 로 바뀌었다. 지형이 둥근 달을 닮았다 하여 '달섬', 혹은 '섬달천'이라 부르기도 한다.

본래는 화정면 여자리 소속의 섬이었으나, 1983년 행정구역 개편으로 소라면 복산5구에 편입되었다. 1640년경, 전남

영암 출신의 김삼례 씨가 가족을 데리고 처음 들어와 정착했다고 전한다.

섬의 최고점은 88m, 면적은 0.545㎢, 해안선 길이는 5.5km에 이른다. 2024년 12월 기준으로 53세대, 85명(남 43명, 여 42명)이 살고 있으며 주민 대부분은 농업과 어업을 겸한다. 이곳의 땅은 기름지고, 바다는 풍요롭다. 고구마가 가장 많이 재배되며, 쌀·보리·콩도 조금씩 수확한다. 연안에서는 굴·바지락·고막 양식이 활발해 조용하지만 부지런한 섬의 일상을 만든다.

섬의 동남쪽, 바다를 향한 포근한 만 안쪽에 달천마을이 자리한다. 북동쪽과 동쪽 해안에는 갯벌이 넓게 펼쳐져 썰물 때면 바다가 물러나고 섬이 육지와 맞닿는다. 그래서 옛사람들은 이곳을 '다리섬'이라 불렀다. 섬달천은 본래 완전한 섬이었으나 1982년 새마을사업으로 달천교가 놓이면서 육지와 연결되었다. 이 다리가 놓인 뒤로, 섬은 '섬 아닌 섬'으로 변했지만 바다와 함께 사는 사람들의 삶은 여전히 그대로다.

지금의 섬달천은 여수에서도 손꼽히는 해안 드라이브 명소다. 길이 평탄하고 구불구불하지 않아, 낯선 관광객도 천천히 차를 몰며 여유롭게 바다를 바라볼 수 있다. 입구에는 작은 공원이 있고, 그곳엔 여수 관광 웹드라마 〈동백〉 촬영지로 알려진 포토존이 있다. 따뜻한 날엔 해안길을 따라 자전거를 타거나 정자에 앉아 바다를 바라보며 쉬어가는 이들이 많다. 섬의 끝자락에는 넓은 공영주차장과 선착장이 있다.

이곳에서 도선이 하루 네 차례 여자도로 오간다. 여자도는 낚시꾼과 사진가들이 즐겨 찾는 노을의 섬으로, 해질 무렵이면 섬달천 선착장에 차들이 길게 줄을 잇는다.

섬달천의 바다는 푸르고 잔잔하다. 밀물엔 바다가 들어오고, 썰물엔 갯벌이 드러나며

섬은 하루에도 두 번, 육지와 바다를 오간다.

그 사이에서 사람들은 땅을 일구고, 굴 껍질에 햇살을 묻혀 하루를 마친다. 섬의 이름처럼, 달이 뜨면 모든 것이 다시 고요해진다. 섬달천은 그렇게 달과 바다가 만나 쉬어가는 섬이다.

섬달천

둥근 달 닮은 섬,
잔물결이 갯벌을 흔들고
저녁빛은 바다 위에
고요히 머문다.

썰물을 기다리는 아낙들,
햇살을 등진 손끝에
조용한 노래가
파도처럼 번진다.

노을이 바다를 덮을 때,
섬은 하나의 빛이 된다.
뱃고동이 울리고
여자호가 천천히 떠난다.

IX 전라남도 여수시 삼일동

여수시 삼일동은 12개 동리와 12개의 섬을 품고 있는 지역으로, 오랜 역사와 격동의 시간을 함께 지나온 땅이다. 이 가운데 삼일포, 오늘날의 낙포는 여수반도 일대에서 일찍부터 형성된 포구로, 지역 생활의 중심지 역할을 해 왔다. 바다와 육지가 만나는 이 포구는 삼일동의 역사와 일상이 시작된 자리였다.

삼국시대에는 육로보다 해로가 발달한 시대적 배경 속에서, 백제에서 일본으로 향하는 주요 해상 항로가 이 일대를 지나 남해로 이어졌다. 낙포(진례)포구에서 하동포구로 연결되는 항로는 비교적 짧은 거리의 해상 통로로 활용되었으며, 삼일동은 일찍부터 바다를 통해 외부와 연결된 해양 교통의 요지로 기능했다.

영취산, 옛 이름으로 진례산 중턱에는 고려 명종 25년에 보조국사가 창건한 흥국사가 자리하고 있다. 이 사찰은 성황신 김총과 관련된 전승이 전해지는 곳으로, 삼일동의 역사와 전통, 지역의 정신적 기반을 함께 간직한 공간이다. 산과 바다가 어우러진 지형 속에서 형성된 이러한 문화적 요소들은 삼일동의 정체성을 이루는 중요한 바탕이 되어 왔다.

조선시대, 특히 임진왜란 시기 여수 지역은 조선 수군이 일본군에 맞서 활동하던 중요한 해상 공간 가운데 하나였다. 이순신 장군은 여수 일대를 거점으로 삼아 여러 해전과 작전을 수행하며 일본군의 해상 진출을 저지했다. 삼일동 일대 또한 이러한 조선 수군의 활동 범위에 포함되어, 해상 교통과 방어 측면에서 전략적 의미를 지닌 지역이었다. 삼일포 일대에는 조선 수군의 전선(戰船)을 정박·수리하던 시설, 이른바 배무시가 있었던 것으로 전해지며, 조선포·낙포 하촌·함구미·광양포·묘도·읍포 등을 잇는 해상 방어 체계가 구축되었다.

지형적으로 삼일동은 상암 북쪽의 까치산(223m) 능선을 경계로 남쪽은 신덕, 남서쪽은 상암동과 접해 있다. 서쪽으로는 진례산(영취산)을 경계로 중흥동과 월내동이 이어지며, 북·동·서쪽은 광양만에 둘러싸여 있다. 서쪽에서는 상암천이 남에서 북으로 흘러 광양만으로 유입되어, 육지와 바다를 자연스럽게 연결한다. 낙포 중심에는 제석산(帝釋山, 336.4m)이 자리하고 있으며, 이를 따라 남북으로 길게 마을이 형성되어 있다.

삼일동을 이루는 열두 동리, 월하·평여·중흥·적량·월내·낙포·호명·신덕·상암·자내·묘도·화치 마을은 오랜 세월 생활의 터전으로 이어져 온 곳들이다. 이름만으로도 옛 정취가 떠오르는 이 마을들은 바다와 들, 산을 배경으로 일상의 삶을 차분히 이어 왔다.

현대에 들어 삼일동은 또 다른 변화를 맞이했다. 이 일대는 전국 최초의 민간 정유회사인 호남정유회사, 현재의 GS 칼텍스를 중심으로 국가 산업단지가 조성된 지역이다. 1970년대 이후 산업단지가 본격적으로 가동되며 현재는 230여 개의 업체와 약 1만 8천여 명의 근로자가 근무하는 산업 거점으로 성장했다. 이러한 산업화 과정 속에서 삼일동의 유인섬은 현재 묘도만이 남아 있다.

삼일동은 바다를 통해 외부와 연결되던 해상 교통의 공간이었고, 전란의 시기에는 해상 방어와 군사 활동의 무대였으며, 오늘날에는 국가 산업을 떠받치는 기반이 된 지역이다. 시대마다 역할은 달라졌지만, 삼일동은 늘 역사와 삶의 흐름 속에서 그 자리를 지켜 온 땅이다.

묘도

여수의 북쪽 끝, 광양만의 물결이 반짝이는 곳, 그 위에 고양이 한 마리가 누워 있다. 섬의 모양이 고양이를 닮았다 해서 묘도(猫島), 혹은 '괴섬'이라 부른다. 풍수 전설에는 이 고양이섬에 '쥐(鼠)'와 같은 음의 성씨, 서씨(徐氏)는 살 수 없다는 이야기도 전해진다.

묘도의 면적은 11.52㎢, 해안선 길이 19.14㎞. 봉화산(246m)을 중심으로 낮은 구릉들이 이어지고, 남쪽과 중앙에는 완만한 들판이 펼쳐져 있다. 논은 0.92㎢, 밭은 1.38㎢, 임야는 5.7㎢. 2024년 12월 기준 571세대, 인구 1,076명(남 562명, 여 514명)이 살아간다.

묘도는 예전엔 순천부 소속이었다. 돌산군이 생기면서 태인면이 되었고, 1914년 여수군 삼일동으로 편입, 1998년엔 통합 여수시의 품으로 돌아왔다.

세월 따라 행정 구역이 바뀌었어도, 묘도의 사람들은 늘 같은 바다와 살아왔다. 섬의 해안은 사빈이 넓고, 갯벌은 부드럽다. 굴, 꼬막, 피조개, 멸치, 개불, 낙지가 풍성하고 쌀·보리·고구마·마늘이 밭마다 익어간다. 정월 대보름이면 마을 사람들은 띠뱃놀이를 하며 "애용노래, 가래질소리, 술배소리"를 함께 부른다. 바람도 노래가 되어 섬을 돈다.

묘도에 2013년, 거대한 다리가 두 개 세워졌다. 여수와 묘도를 잇는 묘도대교, 그리고 광양과 연결되는 이순신대교다. 이 다리로 묘도는 섬이면서도 육지의 심장을 품은 곳이 되었다. 그리고 지금, 이 섬에는 또 하나의 미래가 자라고 있다.

묘도 간척지 27만㎡ 위에 1조 4천억 원 규모의 LNG 허브 터미널이 들어선다. 세 개의 저장탱크, 10만 톤급 전용 부두, 수송 배관이 잇따라 세워진다. 2027년 완공, 2028년 가동을 목표로 묘도는 이제 바다의 길목에서 대한민국 청정에너지의 심장으로 다시 태어난다. 정부가 지정한 첫 기회발전특구,

전국 최대 규모의 지역 투자 펀드 그 중심에 묘도가 있다.

고양이 모양의 이 섬은 지금, 산업의 불빛으로 반짝인다. 봉화산의 능선 위로 불빛이 일렁일 때, 묘도는 여전히 섬이면서 도시이고, 옛 전설과 미래의 기술이 한 자리에 머무는 곳이 된다. 여수의 모든 섬이 바다를 품고 있다면, 묘도는 바다를 지켜보는 섬이다. 고양이의 눈동자처럼 반짝이는 불빛 속에서 섬은 오늘도 묵묵히 여수를 바라본다.

묘도

산단의 아침,
햇살이 굴뚝 위로 번지고
바다는 금빛 물결을
조용히 품는다.

바람은 섬과 육지를 잇고
고양이 모양의 묘도는
하늘에 한 줄 시를 쓰듯
파도 위를 지나간다.

두 산단의 불빛이
밤마다 황금빛으로 번져
섬의 이마 위에
고요한 빛을 남긴다.

여수시 유인섬 현황

연번	섬이름	육지 연결 유무	여객선 유도선 운항 여부	2025년 기준 인구 수 (명)	면적 (㎢)
1	백야도	연결	운항	369	3.0690
2	개도	무연결	운항	595	9.8895
3	제도	미연결	운항	69	1.1382
4	월호도	미연결	운항	126	1.5683
5	자봉도	미연결	운항	35	0.5377
6	사도	미연결	운항	39	0.1474
7	추도	미연결	미운항	9	0.0680
8	낭도	연결	운항	249	5.6129
9	조발도	연결	미운항	34	1.1257
10	적금도	연결	미운항	111	0.8903
11	둔병도	연결	미운항	39	0.8606
12	상화도	미연결	운항	67	0.6916
13	하화도	미연결	운항	53	0.7004
14	여자도	미연결	운항	183	0.5106
15	송여자도	미연결	운항	43	0.1998
16	금오도	미연결	운항	1,341	28.1839
17	화태도	연결	운항	289	2.2057
18	대횡간도	미연결	운항	100	0.3726
19	소횡간도	미연결	미운항	11	0.0943
20	대두라도	미연결	운항	131	1.0654
21	소두라도	미연결	운항	12	0.2026

22	나발도	미연결	운항	36	0.1323
23	안도	미연결	운항	318	3.7626
24	부도	미연결	미운항	14	0.2012
25	연도	미연결	운항	183	0.5106
26	거문도	미연결	운항	477	0.5054
27	서도	미연결	운항	603	6.9751
28	동도	미연결	미운항	234	3.6076
29	손죽도	미연결	운항	190	2.8156
30	소거문도	미연결	운항	21	1.9686
31	광도	미연결	운항	30	0.7094
32	평도	미연결	운항	50	0.7068
33	초도	미연결	운항	355	8.1042
34	대경도	미연결	운항	527	2.4902
35	소경도	미연결	운항	86	0.4674
36	야도	미연결	미운항	4	0.0556
37	돌산도	연결	운항	12,020	71.1337
38	송도(돌산)	미연결	운항	137	0.9685
39	금죽도	미연결	미운항	3	0.1169
40	대륵도	미연결	미운항	61	0.0938
41	소륵도	미연결	미운항	43	0.0416
42	송도(율촌)	미연결	운항	201	0.6164
43	운두도	미연결	미운항	17	0.6677
44	달천도	연결	운항	85	0.5473
45	묘도	연결	미운항	1,076	11.5276